LOCUS

LOCUS

LOCUS

LOCUS

MYTH

MYTH 05 獅子蜜
דבש אריות
作者：大衛・格羅斯曼 (David Grossman)
譯者：孟振華
責任編輯：丘光
封面設計：謝富智
校對：張家彰（渣渣）
法律顧問：全理法律事務所董安丹律師
出版者：大塊文化出版股份有限公司
台北市105南京東路四段25號11樓
www.locuspublishing.com
讀者服務專線：0800-006689
TEL：(02) 87123898　FAX：(02) 87123897
郵撥帳號：18955675　戶名：大塊文化出版股份有限公司

總經銷：大和書報圖書股份有限公司　地址：台北縣五股工業區五工五路2號
TEL：(02) 89902588 (代表號)　FAX：(02)22901658
排版：天翼電腦排版印刷股份有限公司　製版：源耕印刷事業有限公司
初版一刷：2007年10月

定價：新台幣220元
Printed in Taiwan

獅子蜜
LION'S HONEY

大衛・格羅斯曼David Grossman◎著
孟振華◎譯

譯自希伯來文

目次

導讀

解構參孫神話，走出猶太悲情

南方朔

神話和史詩經常都是生存情境的隱晦寓言，只有透過睿智且深刻的解讀和詮釋，始能從古代的文本裡探索出新意，幫助人們走出糾纏得有如迷宮般的宿命。這是一種智慧事業，它帶領著人們超越狹隘，昇華心靈，離開那不應該存在的狀態。

而當代以色列主要作家大衛．格羅斯曼（David Grossman, 1954-）所著的這部《獅子蜜——參孫的神話》，就是神話及史詩解讀的新經典著作。作者以超凡的洞察能力和開闊的襟懷，透過解讀《舊約》〈士師記〉裡有關大力士參孫的神話，而連繫到今天以色列的情境。作者指出，參孫那種由於被背叛、被出賣的危機感所造成的過激反應，最後使他走向與他者同歸於盡的毀滅，而這點其實也就是今天以色列處境的原型。以色列面對生存上的危機，已習慣誇大所具備的力量之價値，使力量走向反面，過分地加以使用，於是原本應改善的生存環境遂變得更加惡化，慘痛的歷史經驗也就被不斷重覆，猶太人也因此永遠難逃「世界的陌生人」之命運。在格羅斯曼筆下，「參孫神話」其實早已成了猶太人心中的「參孫情結」。它是猶太人深層心理構造的成分，只有超越「參孫情結」，以色列始可爲創傷的歷史打開新頁。當代法國思想家克莉絲蒂娃（Julia Kristeva）曾指出過，「他者」其實是在我們自己的裡面，人經常都是自己把自己變成了陌生人，這種觀點倒是和格羅斯曼的論點相當。

人們皆知道大力士參孫乃是《舊約》〈士師記〉裡重要的史詩人物。根據希伯來古史，我們已知希伯來人乃是閃族的一支，原居阿拉伯半島南端，從紀元前三千年起即一路向西移動。紀元前十三世紀在摩西率領下過紅海，在西岸曠野流浪四十年，抵達約旦河東岸。接著約書亞率眾渡河，到了西岸迦南這應許之地，他們初到之時，當地原來的住民稱之爲「哈比魯人」（Habiru），意思是，「從河那邊來的人」，這個稱呼後來音轉而成「希伯來人」（Hebrew）。

而希伯來人在之前十二世紀抵達迦南地區時，來自地中海克里特島及愛琴海各島嶼的人也到了這個地區，他們即非利士人（Philistines），意思是「海上民族」，今日所謂的「巴勒斯坦」即由他們所命名，意爲「非利士人的土地」。非利士人比希伯來人先進，這也是希伯來人常受迫害的原因。在大約兩百年的時間裡，希伯來各部族主要靠「士師」（Shophetim）來領導，這個字指的是「裁判者」和「復仇者」，顯示出那個時代的希伯來人基本上仍處於部族階段，戰時各部族即以「軍事民主」的方式合作，士師形同指揮官，平時士師則爲行政官和司法官。士師時代一直到掃羅稱王，進入王國時代而告終。

而《舊約》〈士師記〉就是士師時代的紀錄，在眾多士師裡，曾任職二十年的參孫，無疑是戲劇性最強的一個。

其實，力大無窮的參孫，在所有的士師裡，乃是最不像士師的人物，更像是個孤獨的復仇英雄。他並非父母親的精血所生，而是上帝的使者讓他的母親受孕。他曾搏殺獅子，而後獅子的屍骸被蜜蜂所居，他因而吃了獅子蜜。他兩度愛上非利士女子，但都遭背叛並對非利士人大開殺戒。最後他被出賣，頭髮被剃光，神力完全消失，眼睛也遭刺瞎，淪爲推磨的奴隸，但後來頭髮長了出來，神力恢復，他靠著神力推倒了樑柱，殿內三千多人皆被壓死，他成了死的時候比活著時殺了更多人的復仇英雄。有關參孫的故事，一般人皆強調他的大力士特性，至於猶太人則著重在他的復仇性格上。猶太人的這種復仇性格，除了顯露在中古布拉格教士馬哈拉爾（Maharal）曾創造出一個對反猶人士進行暗殺活動的幽靈戰士勾勒姆（Golem）外——這個勾勒姆即瑪麗·雪萊（Mary Shelley）所著《科學怪人》的前身·，以色列在和中東國家多次戰爭期間，也有過將部隊命名爲「參孫之狐」，以及準備展開核子攻擊的「參孫方案」。參孫已成了猶太人「復仇有理」的心理依據。

而格羅斯曼的這部著作，即是企圖以深層心理分析和文本重新詮釋，來解構參孫神話，取消參孫的合理性。而當然這樣的解釋觀點並非他首創，稍早之前，以色列精神病學家伊蘭·庫茨（Ilan Kutz）、英國猶太作家琳達·格蘭特（Linda Grant）等早已有過類似的解釋，但透過格羅斯曼精湛細密的分析，他無疑的已將這個問題做了集大成的討論。在他的分析觀照之下，參孫其實是個缺乏愛、孤獨、渴望愛與認同，但卻自我扭曲，具有被女人背叛這種強迫心理需要的英雄，他狂暴的行爲因此而有了理由，而最後則是自己與敵偕亡。參孫的這種心理情境，其實與今天以色列猶太人相似，被出賣背叛的恐懼，已使得以色列成了狂暴有如參孫的大力士，與敵俱亡的共同毀滅衝動則是它的終極後果。以色列必須擺脫參孫這個魔咒！

當代以色列的猶太人反思自己的歷史與現狀的日增，以色列已不能再像參孫那樣去過他們的生活，從這樣的角度看，解構參孫神話，並將它與現在連繫起來，未嘗不是猶太人自我反省的重要一步。人類必須揚棄許多悲情——被壓迫的悲情、被背叛出賣的悲情，這些悲情在自哀自歎下，所隱藏的其實是自我扭曲的自悲與自大，格羅斯曼對猶太神話與情結所做的睿智分析，不但對猶太人，就是對世界上許多其他的人，也同樣有振聾發聵的作用啊！

士師記

第十三至十六章

參孫出生

第十三章　1以色列人又行耶和華眼中看爲惡的事，耶和華將他們交
在非利士人手中四十年。
2那時，有一個瑣拉人，是屬但族的，名叫瑪挪亞。他的妻不懷孕，
不生育。3耶和華的使者向那婦人顯現，對她說：「向來你不懷孕，不生
育，如今你必懷孕生一個兒子。4所以你當謹慎，清酒濃酒都不可喝，一
切不潔之物也不可吃。5你必懷孕生一個兒子，不可用剃頭刀剃他的頭，
因爲這孩子一出胎就歸上帝作拿細耳人。他必起首拯救以色列人脫離非利
士人的手。」6婦人就回去對丈夫說：「有一個神人到我面前來，他的相貌
如上帝使者的相貌，甚是可畏。我沒有問他從哪裡來，他也沒有將他的名
告訴我，7卻對我說：『你要懷孕生一個兒子，所以清酒濃酒都不可喝，

一切不潔之物也不可吃;因爲這孩子從出胎一直到死,必歸上帝作拿細耳
人。』」
8瑪挪亞就祈求耶和華說:「主啊,求你再差遣那神人到我們這裡來,
好指教我們怎樣待這將要生的孩子。」9上帝應允瑪挪亞的話;婦人正坐在
田間的時候,上帝的使者又到她那裡,她丈夫瑪挪亞卻沒有同她在一處。
10婦人急忙跑去告訴丈夫說:「那日到我面前來的人,又向我顯現。」11瑪
挪亞起來跟隨他的妻來到那人面前,對他說:「與這婦人說話的就是你
嗎?」他說:「是我。」12瑪挪亞說:「願你的話應驗!我們當怎樣待這孩
子,他後來當怎樣呢?」13耶和華的使者對瑪挪亞說:「我告訴婦人的一切
事,她都當謹慎。14葡萄樹所結的都不可吃,清酒濃酒都不可喝,一切不
潔之物也不可吃。凡我所吩咐的,她都當遵守。」

15瑪挪亞對耶和華的使者說：「求你容我們款留你，好爲你預備一隻
山羊羔。」16耶和華的使者對瑪挪亞說：「你雖然款留我，我卻不吃你的食
物，你若預備燔祭就當獻與耶和華。」原來瑪挪亞不知道他是耶和華的使
者。17瑪挪亞對耶和華的使者說：「請將你的名告訴我，到你話應驗的時
候，我們好尊敬你。」18耶和華的使者對他說：「你何必問我的名，我名是
奇妙的。」19瑪挪亞將一隻山羊羔和素祭在磐石上獻與耶和華，使者行奇妙
的事；瑪挪亞和他的妻觀看，20見火焰從壇上往上升，耶和華的使者在壇
上的火焰中也升上去了。瑪挪亞和他的妻看見，就俯伏於地。
21耶和華的使者不再向瑪挪亞和他的妻顯現，瑪挪亞才知道他是耶和
華的使者。22瑪挪亞對他的妻說：「我們必要死，因爲看見了上帝。」23他
的妻卻對他說：「耶和華若要殺我們，必不從我們手裡收納燔祭和素祭，

並不將這一切事指示我們，今日也不將這些話告訴我們。」24後來婦人生了
一個兒子，給他起名叫參孫。孩子長大，耶和華賜福與他。25在瑪哈尼．
但，就是瑣拉和以實陶中間，耶和華的靈才感動他。

參孫和亭拿的女子

第十四章

1參孫下到亭拿，在那裡看見一個女子，是非利士人的女
兒。2參孫上來稟告他父母說：「我在亭拿看見一個女子，是非利士人的
女兒，願你們給我娶來爲妻。」3他父母說：「在你弟兄的女兒中，或在本
國的民中，豈沒有一個女子，何致你去在未受割禮的非利士人中娶妻呢？」
參孫對他父親說：「願你給我娶那女子，因我喜悅她。」
4他的父母卻不知道這事是出於耶和華，因爲他找機會攻擊非利士
人。那時，非利士人轄制以色列人。

5參孫跟他父母下亭拿去，到了亭拿的葡萄園，見有一隻少壯獅子向
他吼叫。6耶和華的靈大大感動參孫，他雖然手無器械，卻將獅子撕裂，
如同撕裂山羊羔一樣。他行這事並沒有告訴父母。7參孫下去與女子說話，
就喜悅她；8過了些日子，再下去要娶那女子，轉向道旁要看死獅，見有
一群蜂子和蜜在死獅之內，9就用手取蜜，且吃且走；到了父母那裡，給
他父母，他們也吃了；只是沒有告訴這蜜是從死獅之內取來的。
10他父親下去見女子。參孫在那裡設擺筵宴，因爲向來少年人都有這
個規矩。11眾人看見參孫，就請了三十個人陪伴他。12參孫對他們說：「我
給你們出一個謎語，你們在七日筵宴之內，若能猜出意思告訴我，我就給
你們三十件裡衣，三十套衣裳；13你們若不能猜出意思告訴我，你們就給
我三十件裡衣，三十套衣裳。」他們說：「請將謎語說給我們聽。」14參孫

對他們說：

吃的從吃者出來；
甜的從強者出來。

他們三日不能猜出謎語的意思。
15到第七天，他們對參孫的妻說：「你誆哄你丈夫，探出謎語的意思
告訴我們，免得我們用火燒你和你父家。你們請了我們來，是要奪我們所
有的嗎？」16參孫的妻在丈夫面前啼哭說：「你是恨我，不是愛我，你給我
本國的人出謎語，卻沒有將意思告訴我。」參孫回答說：「連我父母我都
沒有告訴，豈可告訴你呢？」17七日筵宴之內，她在丈夫面前啼哭，到第七
天逼著他，他才將謎語的意思告訴他妻，他妻就告訴本國的人。18到第七
天，日頭未落以前，那城裡的人對參孫說：

有甚麼比蜜還甜呢？
有甚麼比獅子還強呢？
參孫對他們說：
你們若非用我的母牛犢耕地，
就猜不出我謎語的意思來。
[19]耶和華的靈大大感動參孫，他就下到亞實基倫，擊殺了三十個人，
奪了他們的衣裳，將衣裳給了猜出謎語的人。參孫發怒，就上父家去了。
[20]參孫的妻便歸了參孫的陪伴，就是作過他朋友的。

第十五章

[1]過了些日子，到割麥子的時候，參孫帶著一隻山羊羔去
看他的妻，說：「我要進內室見我的妻。」他岳父不容他進去，[2]說：「我
估定你是極其恨她，因此我將她給了你的陪伴。她的妹子不是比她還美麗

嗎？你可以娶來代替她吧！」[3]參孫說：「這回我加害於非利士人不算有罪。」[4]於是參孫去捉了三百隻狐狸（或譯：野狗），將狐狸尾巴一對一對地捆上，將火把捆在兩條尾巴中間，[5]點著火把，就放狐狸進入非利士人站著的禾稼，將堆集的禾捆和未割的禾稼，並橄欖園盡都燒了。[6]非利士人說：「這事是誰做的呢？」有人說：「是亭拿人的女婿參孫，因爲他岳父將他的妻給了他的陪伴。」於是非利士人上去，用火燒了婦人和她的父親。[7]參孫對非利士人說：「你們既然這樣行，我必向你們報仇才肯罷休。」[8]參孫就大大擊殺他們，連腿帶腰都砍斷了。他便下去，住在以坦磐的穴內。

參孫擊敗非利士人

[9]非利士人上去安營在猶大，布散在利希。[10]猶大人說：「你們爲何

上來攻擊我們呢？」他們說：「我們上來是要捆綁參孫，他向我們怎樣行，
我們也要向他怎樣行。」11於是有三千猶大人下到以坦磐的穴內，對參孫
說：「非利士人轄制我們，你不知道嗎？你向我們行的是甚麼事呢？」他
回答說：「他們向我怎樣行，我也要向他們怎樣行。」12猶大人對他說：「我
們下來是要捆綁你，將你交在非利士人手中。」參孫說：「你們要向我起
誓，應承你們自己不害死我。」13他們說：「我們斷不殺你，只要將你捆綁
交在非利士人手中。」於是用兩條新繩捆綁參孫，將他從以坦磐帶上去。
14參孫到了利希，非利士人都迎著喧嚷。耶和華的靈大大感動參孫，
他臂上的繩就像火燒的麻一樣，他的綁繩都從他手上脫落下來。15他見一
塊未乾的驢腮骨，就伸手拾起來，用以擊殺一千人。16參孫說：

我用驢腮骨殺人成堆，

用驢腮骨殺了一千人。
[17]說完這話，就把那腮骨從手裡拋出去了。那地便叫拉末・利希。
[18]參孫甚覺口渴，就求告耶和華說：「你既藉僕人的手施行這麼大的
拯救，豈可任我渴死、落在未受割禮的人手中呢？」[19]上帝就使利希的窪處
裂開，有水從其中湧出來。參孫喝了，精神復原；因此那泉名叫隱・哈歌
利，那泉直到今日還在利希。[20]當非利士人轄制以色列人的時候，參孫作
以色列的士師二十年。

參孫在迦薩

第十六章 [1]參孫到了迦薩，在那裡看見一個妓女，就與她親近。[2]
有人告訴迦薩人說：「參孫到這裡來了！」他們就把他團團圍住，終夜在
城門悄悄埋伏，說：「等到天亮我們便殺他。」[3]參孫睡到半夜，起來，將

城門的門扇、門框、門閂，一齊拆下來，扛在肩上，扛到希伯崙前的山頂
上。

參孫和大利拉

4後來，參孫在梭烈谷喜愛一個婦人，名叫大利拉。5非利士人的首
領上去見那婦人，對她說：「求你誆哄參孫，探探他因何有這麼大的力氣，
我們用何法能勝他，捆綁克制他。我們就每人給你一千一百舍客勒銀子。」
6大利拉對參孫說：「求你告訴我，你因何有這麼大的力氣，當用何法捆
綁克制你。」7參孫回答說：「人若用七條未乾的青繩子捆綁我，我就軟弱
像別人一樣。」8於是非利士人的首領拿了七條未乾的青繩子來，交給婦
人，她就用繩子捆綁參孫。9有人預先埋伏在婦人的內室裡。婦人說：「參
孫哪，非利士人拿你來了！」參孫就掙斷繩子，如掙斷經火的麻線一般。

這樣，他力氣的根由人還是不知道。
10大利拉對參孫說：「你欺哄我，向我說謊言。現在求你告訴我當用
何法捆綁你。」11參孫回答說：「人若用沒有使過的新繩捆綁我，我就軟弱
像別人一樣。」12大利拉就用新繩捆綁他，對他說：「參孫哪，非利士人拿
你來了！」有人預先埋伏在內室裡。參孫將臂上的繩掙斷了，如掙斷一條
線一樣。

13大利拉對參孫說：「你到如今還是欺哄我，向我說謊言。求你告訴
我，當用何法捆綁你。」參孫回答說：「你若將我頭上的七條髮綹，與緯
線同織就可以了。」14於是大利拉將他的髮綹與緯線同織，用橛子釘住，對
他說：「參孫哪，非利士人拿你來了！」參孫從睡中醒來，將機上的橛子
和緯線一齊都拔出來了。

[15]大利拉對參孫說：「你既不與我同心，怎麼說你愛我呢？你這三次
欺哄我，沒有告訴我，你因何有這麼大的力氣。」[16]大利拉天天用話催逼他，
甚至他心裡煩悶要死。[17]參孫就把心中所藏的都告訴了她，對她說：「向
來人沒有用剃頭刀剃我的頭，因爲我自出母胎就歸上帝作拿細耳人；若剃
了我的頭髮，我的力氣就離開我，我便軟弱像別人一樣。」
[18]大利拉見他把心中所藏的都告訴了她，就打發人到非利士人的首領
那裡，對他們說：「他已經把心中所藏的都告訴了我，請你們再上來一次。」
於是非利士人的首領手裡拿著銀子，上到婦人那裡。[19]大利拉使參孫枕著
她的膝睡覺，叫了一個人來剃除他頭上的七條髮綹。於是大利拉克制他，
他的力氣就離開他了。[20]大利拉說：「參孫哪，非利士人拿你來了！」參
孫從睡中醒來，心裡說：「我要像前幾次出去活動身體」，他卻不知道耶和

華已經離開他了。21非利士人將他拿住，剜了他的眼睛，帶他下到迦薩，
用銅鍊拘索他，他就在監裡推磨。22然而他的頭髮被剃之後，又漸漸長起
來了。

參孫的死

23非利士人的首領聚集，要給他們的神大袞獻大祭，並且歡樂，因爲
他們說：「我們的神將我們的仇敵參孫交在我們手中了。」24眾人看見參
孫，就讚美他們的神說：「我們的神將毀壞我們地、殺害我們許多人的仇
敵交在我們手中了。」25他們正宴樂的時候，就說：「叫參孫來，在我們面
前戲耍戲耍。」於是將參孫從監裡提出來，他就在眾人面前戲耍。他們使
他站在兩柱中間。26參孫向拉他手的童子說：「求你讓我摸著托房的柱子，
我要靠一靠。」27那時房內充滿男女，非利士人的眾首領也都在那裡。房的

平頂上約有三千男女觀看參孫戲耍。
28參孫求告耶和華說：「主耶和華啊，求你眷念我。上帝啊，求你賜
我這一次的力量，使我在非利士人身上報那剜我雙眼的仇。」29參孫就抱住
托房的那兩根柱子：左手抱一根，右手抱一根，30說：「我情願與非利士
人同死！」就盡力屈身，房子倒塌，壓住首領和房內的眾人。這樣，參孫
死時所殺的人比活著所殺的還多。31參孫的弟兄和他父的全家都下去取他
的屍首，抬上來葬在瑣拉和以實陶中間，在他父瑪挪亞的墳墓裡。參孫作
以色列的士師二十年。

序

每個猶太孩子第一次接觸參孫的故事時，瞭解的都是「英雄參孫」——因此，他被古往今來各種語言的文藝作品和戲劇電影或多或少地塑造成這樣的形象：神話般的英雄、強壯的戰士、赤手空拳撕裂獅子的人、猶太人與非利士人的戰爭中超凡的領袖。毫無疑問，參孫也是《聖經》中最多姿多彩、也最有性格的人物之一。

而我從手中的《聖經》經文讀到的參孫，在某種程度上與人們熟知的參孫故事和他的形象有些出入。他並非一個勇敢的戰爭領袖（事實上他從沒有眞正領導過他的人民），不能算是上帝的拿細耳人（我們得承認，他極其好色貪淫），也不僅僅是一台殺人機器。在我看來，除了以上這些之外，這是一個人的故事：他一生都在不停地努力適應著強加於他的宿命，但從來就沒有成功，而且直到最後似乎都沒能理解自己的命運。這是一個孩子的故事：他生來就被父母當作外人。這是一個強健男人的故事：他無時無刻不在渴望得到父母的愛——不僅如此，還有所有的愛，可他從來就沒得到過。

誠然，《聖經》中並沒有多少故事能像參孫的故事包含這樣多的戲劇和刺激的行為，情節如焰火表演一般，高潮迭起：與獅子的搏鬥；三百隻燃燒著的狐狸；和他睡覺的女人們；他愛上的唯一女子；還有生命中這些女人（從他母親到大利拉）對他的背叛；最後是他推倒三千非利士人聚會的大殿，與他們同歸於盡。但這暴力的、衝動的轟然巨響向我們展現了生活的一個章節：一個靈魂受苦、孤獨和躁動的歷程。世上沒有一個地方是這個靈魂眞正的家園，即便它的肉體，也好似被重重限制的流放之地。對我來說，這個發現、這個身分認定，便是神話存在的地方。這個神話連同其中高大的形象和它所闡述的，還有那些超凡脫俗的事蹟，突然滲透進了我們每個人的日常生活，滲透進了我們最私密的時刻和深藏心底的祕密之中。

大衛・格羅斯曼

二〇〇五年三月十二日

獅子蜜

參孫的故事裡有這樣一個時刻——他枕在大利拉的膝蓋上進入了夢鄉，像是被抽乾萎縮了一樣。他彷彿又回到了童年，甚至是嬰兒時代，伴隨他一生的暴力、興奮和刺激都已離他遠去。顯然，參孫的生命也即將結束，因爲大利拉已經剃去了他的頭髮和鬍鬚抓在手裡，外面的非利士人也陶醉在勝利的喜悅中。很快，參孫的末日就要到了。但偏偏只有這個時候，也許是他一生中的第一次，他享受到了片刻的寧靜。幾乎毫無疑問的是，他早已洞悉了這場背叛。但一切都結束了，他終於能夠告別他暴風驟雨般的一生，徹底放鬆下來了。

＊＊＊

大約在西元前十二世紀末十一世紀初的年代，以色列中沒有王，也沒有中央集權。米甸人、迦南人、摩押人、亞捫人和非利士人這些周邊的民族欺負弱小的希伯來人①，強占他們的土地，襲擊掠奪他們的財產。有時以色列某個支派中會出現一個人，帶領他的支派（有時還包括其他幾個支派一起）打仗。如果打勝了，他就會成爲宗教領袖，被任命爲「士師」。做過士師的有基甸、耶弗他、基拉的兒子以笏、亞拿的兒子珊迦和拉比多的妻子底波拉。以色列人的歷史在〈士師記〉所說的「罪惡—悔改」這個固定的輪迴中動盪前進：開始時他們敬拜侍奉外邦神，犯下罪行，上帝便藉周圍外族人之手懲罰他們。在敵人面前他們呼求上帝，上帝就在他們之中興起一個人拯救他們。

在這亂世中，「但」支派有一對夫妻居住在猶大平原的瑣拉。猶大平原那時是以色列人和非利士人作戰的前線，神祇眾多。對以色列人來說，這裡是抵禦非利士人的第一道防線；而對非利士人來說，這個平原是他們占領猶大山地之前第一個必須征服的地方。丈夫名叫瑪挪亞；妻子叫什麼名字人們不知道，只是說她不能生育。從這裡足可以推測他倆認識到問題的嚴重性，並且他們之間的夫妻關係也一直被不小的麻煩和痛苦所困擾。

但熟悉聖經故事暗示的讀者也會知道，凡是不孕的婦女幾乎都會懷孕生子。於是，在「以色列人行耶和華看爲惡的事」的日子裡，有一天當她離開丈夫身邊獨自一人時，上帝的使者向她顯現，預告說：「你向來不懷孕，不生育；如今你必懷孕，生一個兒子。」接著，他又發出一連串同樣令人欣喜的指示和注意事項：「所以你當謹愼，清酒濃酒都不可喝，一切不潔之物也不可吃。你必懷孕，生一個兒子，不可用剃頭刀剃他的頭，因爲這孩子一出胎就歸上帝作拿細耳人②。他必起首拯救以色列人脫離非利士人的手。」

她去了丈夫那兒。「上帝的使者臨到我了。」她說。讀者的耳朵會稍微豎起一下，因爲她沒有用聖經作者採用的動詞描述這次會面——「耶和華的使者向她顯現」，而偏偏使用了「臨到我」的說法。這個詞組含有深意，在聖經中往往用來描述性行爲本身。

丈夫可能也已經豎起了耳朵，妻子便急急忙忙向他描述那個陌生人：「他的相貌如上帝使者的相貌，甚是可畏，」她說，「我沒有問他從哪裡來，他也沒有將他的名告訴我。」從她的話語中可以聽出遺憾的口吻，因爲那人的相貌太可怕了，以致於她沒意識過來應該問問他的來歷，甚至連他的名字都沒問。

現在，丈夫瑪挪亞又該怎麼反應呢？他的沉默意味著什麼呢？也許他蹙緊了眉頭，試圖理清妻子向他提到的問題。但妻子沉浸在這突如其來的興奮中，根本不等他詢問，就匆忙——幾乎是迫不及待地——向他灌輸著新的資訊：「上帝的使者對我說：『你要懷孕。』還保證我生下一個兒子，又命令我不能喝清酒濃酒、不能吃任何不潔之物，因為這孩子從出胎一直到他死的那天，必歸上帝作拿細耳人……」

就這樣，她把一切都告訴了他。她的話帶來了不尋常的消息，也引起了憂慮。書上的文字並沒有描述他們之間發生的任何情感波動，也沒有提及微笑、輕鬆的目光，或是因此大驚失色。總的來說，聖經極少敍述人物的感覺——它是寫動作和行爲的書，把猜想的工作都留給了我們這些讀者。這樣的猜想有引起誇張和被幻想誤導的危險。儘管如此，以往歷代的讀者都根據他們的信仰、當時的觀念和個人內心的傾向閱讀那些簡潔的聖經文字，賦予每一個字母和記號以含義和假設（有時也有假想和心願）；而在下面的文字中，我們仍將繼續他們的做法。③

那麼，讓我們在必要的謹慎下享受猜測和想像的愉悅感覺，用我們智慧的眼睛去勾勒男人和他妻子會面的場景：她說著話，他聽著，她滔滔不絕，他一言不發。我們無從知曉他的沉默預示著什麼，也許是興奮和喜悅，也許是爲他的妻子如此隨便地與一個陌生人交談而生氣。我們也不知道，她說話的時候是直視著他的眼睛，還是把目光射向地下，以躲避她的丈夫。由於某種原因，天使並沒有向他顯現。雖然我們描述的情形可能只有一小部分會發生，但毫無疑問的是，他們聽說的這個消息會令彼此都精神一振，同時也會激起在他心底對於妻子長期不孕和忽然懷孕的想法。也許也會讓他想起她的弱點：不能生育，正如在這簡短的一幕中所暗示出來的一樣。

我們關注著這一充滿家庭氣息的時刻，甚至深陷其中，以致於幾乎沒能注意到，妻子報告給她丈夫的與她之前聽到的內容並不完全一致。她沒有提到不可用剃刀剃他們未出生的兒子的頭，也沒有告訴她丈夫，這個兒子「必起首拯救以色列人脫離非利士人的手」。

爲什麼她省略了這兩個至關重要的細節？

關於剃頭，可以解釋爲她只不過是在興奮和疑惑中忘了提到而已。她無疑非常激動，而且可能認爲瑪挪亞應該淸楚，如果這男孩兒將要成爲一個拿細耳人，就要遵守眾所周知的規矩，包括禁止剃頭的規定。但如何解釋第二個省略呢？這消息毫無疑問會使她滿意，使她自豪，也許還是對這麼多年痛苦的不孕歲月的補償。可一個女人怎麼會向她的丈夫保留——甚至是故意隱瞞——關於未出生的兒子這麼重要的資訊呢？

爲了理解這一點，理解她，我們需要回過頭來從她的角度審視這個故事。前面已經提到，聖經文本甚至連她的名字都沒提，唯一指稱她的詞就是「不孕」。這個詞還被反覆強調：「不懷孕，不生育。」這暗示著她多年來都期待生一個孩子，可孩子一直沒有到來。她很可能已經放棄了有朝一日能夠生兒育女的企盼。「不孕」或許成爲加在她頭上的綽號——在別人口中，在家族裡，在支派中，甚至在整個瑣拉地區。沒準連她丈夫發火的時候也三番兩次拿「不孕」這個惡毒的綽號譏笑她。在他們倆之間，這個詞也成了她的名字。每當她思考自己和自己的命運時，這尖刻的話便深深刺激著她。

現在，就是這個「不懷孕，不生育」的女人突然被天使的出現賦予了榮耀。天使告訴她她會生子。但就在她慶幸夢想實現、喜出望外之時，天使補充說：「因爲這孩子一出胎就歸上帝作拿細耳人。他必起首拯救以色列人脫離非利士人的手。」

她陷入了思想和感情的漩渦。

她會生一個兒子，是她生下的。直到這一刻前她對此顯然還一無所知。天使預先知道了，告訴了她。也許在這個時刻她感到腹中一陣前所未有的疼痛。(天使知道啓示工作最好附帶相應的具體證據)。她無疑爲她的兒子將拯救以色列人而自豪——哪個母親不爲生育一位民族的拯救者而自豪呢？但也許，在她內心一個隱祕的角落，她擁有的並非只是喜悅。

因爲另一個令人痛苦而壓抑的事實折磨著她：她懷的不是她自己本人的孩子；而是什麼「民族英雄」，是上帝的拿細耳人和以色列的拯救者。而且這孩子的性格特徵不是多年慢慢形成的——那樣的話她還會有充足的時間融入自己的角色，擔起「拯救者之母」的義務和責任。但現在，這看來已經以一種堅決而無情的方式發生了：「因爲他一出胎就歸上帝作拿細耳人……」

她試著去弄清楚，這個孩子，她期盼已久的孩子，在被給予她、在她體內萌發的時刻，顯然已經被一個陌生的外在力量碰過了。這說明——這時她的內心也許感到一種強烈而陌生的刺痛——這孩子永遠也不會只屬於她一個人。

她立刻就明白這些了嗎？沒法知道。整個情節可能已把她淹沒了。那一刻，她的內心很可能完全被懷孕的喜悅和自豪充滿了——是她，而不是村裡和部落裡只把她當成「不懷孕、不生育」的女人的那幫人，會生下這個特殊的男孩兒。但也能夠猜到，在參孫母親的內心深處，她的女性直覺——一種跟宗教信仰和對上帝的敬畏都毫不相干的知識——告訴她，她所知道的內容會被立即廣爲傳布，她作爲一個女人最重要的個人隱私就會變成路人皆知的公眾事件（包括我們這些幾千年後解釋她故事的人）。因此，出於回避和否認的本能姿態，她省略了一部分令人煩惱的消息。

這裡我們記起聖經裡另一個與參孫的母親有著相同命運的女人：哈拿。她含淚禱告，發誓說如果她生下一個兒子，就會把他獻給上帝做拿細耳人。在這個誓約下，撒母耳出生了。哈拿被迫把他獻給大祭司以利。[4]這兩個非同尋常的懷孕故事都含有一條並不美妙的暗示：上帝在某種程度上利用了這些渴求懷孕、生育的母親們的絕望，使她們甘願同意任何有關她們子女命運的「建議」，甚至願意爲上帝的宏偉計畫——用我們今天的語言說，出租子宮，當「代理孕母」。

＊＊＊

瑪挪亞的妻子回到她丈夫那兒，把這次的相遇告訴他。我們已經注意到，她的彙報聽起來幾乎含有歉意，也極度詳細：表面上言無不盡，但實際上省略了許多。值得指出的是，這個故事的某些評注者——包括多年來研究參孫這個人物的詩人、劇作家、畫家和小說家，都暗示參孫是由他母親和「上帝的使者」發生關係後生下的。其他人，特別是澤夫・雅博廷斯基在他出色的小說《參孫》中走得更遠，甚至提出參孫是他母親和一個有血有肉的非利士人愛情的結晶。⑤在這本書中，「上帝的使者臨到我」這件事只不過是她向瑪挪亞解釋這尷尬的懷孕而打出的一個幌子。而我們，儘管也十分好奇，但還是應該相信參孫的母親所說的版本。因爲我們很快就會發現，如果她說的都是眞相，她這次至關重大的背叛也並非針對她的丈夫。

因爲在她向瑪挪亞宣布他們將有一個兒子後，她向他傳達了天使這個消息的第二部分——但需要注意，她並不是那麼精確地複述。她沒有提到禁止剃頭的規定，就像省略了男孩將來的民族救星的角色一樣。「這孩子從出胎就歸上帝作拿細耳人，」她說，還用她自己的話總結道，「直到他死的那天。」⑥

這無疑是一個奇怪的補充：一個多年不孕的婦女現在知道自己會生一個兒子了，告訴丈夫這個兒子的將來——然後就說「直到他死的那天」嗎？

一個人即使沒生過一男半女，也從未經歷過這對充滿期待的夫婦得知這種好消息的特殊時刻，也知道在這種場合他們根本就不會想到尚未出生的孩子的死期。即使很多焦急的父母在等待孩子的過程中擔心危險和疾病，乃至心力交瘁，他們也從不會把孩子設想成一個來日無多的老人，更不會與死亡聯繫起來。要勾勒這樣的圖景，需要表現出強烈甚至不近人情的疏遠，而這大大有違父母的天性和本能。

一個女人的孩子剛剛開始在她的子宮裡成形，她就考慮到、並且大聲說出他的死期，這需要非同一般的、甚至有些殘酷的清醒。這個女人在這樣一個時刻表現出疏遠的態度——對孩子、對聽到這話的孩子他爸，也對她自己——悲哀的疏遠。

那麼，到底是什麼促使瑪挪亞的妻子說出這些話的呢？讓我們再次「重播那段影片」，嘗試探索究竟發生了什麼。天使把消息帶給女人，之後便消失了。她奔向她的丈夫，複雜而混亂的資訊困擾著她：她現在或即將懷孕了，但這孩子——怎麼說呢？並不完全是她的，不像其他的孩子對他們的母親那樣。他是被寄存在她這兒的，她只是暫時保管一下而已。而她知道，凡是寄存的東西終究都要物歸原主的。

她的情緒被壓上了沉重的負擔：那麼，在她體內生長的孩子到底是誰呢？他是不是她和她丈夫的骨肉呢？如果是，那她爲什麼又隱約感到他的性格是那麼陌生而不可捉摸，不但莫名其妙，而且簡直是超人的（正因爲如此，也同樣是非人的）呢？

我們的思維跳躍到幾千年後報紙上一篇動人的採訪報導，受訪者是俄國的物理學家、諾貝爾獎得主安德烈・沙卡洛夫⑦的母親。她談及兒子時滿懷自豪，當然也充滿了憐愛。但在採訪結束時，她歎息道：「有時我感覺自己像一隻母雞，卻生出一隻雄鷹。」從這話中不難聽出驚訝的意思，從她的眼中可以看出疑惑。兒子沒有被放在母親心中，而是被置於另一個地方。母親可以完全「客觀」地看待他，就像觀察一種「現象」，或是審視一個完全陌生的人。這好比母親自己把孩子放到高處，然後和其他人站在同樣的角度、隔著同樣的距離去看他。她遠遠地小聲問道：「你是誰？你有多少部分眞的是我的？」

而參孫的母親，即使在她向丈夫通報好消息的時候，恐怕也被這樣的問題困擾著：你有多少部分眞的是我的？這就是我祈禱要得到的孩子嗎？

我能給他無私的、自然的愛，也就是我一直渴望給我自己的孩子的那種愛嗎？

因此，當她見到丈夫，大聲說出消息時，這些想法和所有相關的聯想突然占據了她的心靈。當她說道「因爲他一出胎就歸上帝作拿細耳人」時，簡直可以感覺到她心裡有些東西被封鎖凍結住了。她把天使的話吞了下去，沒有完全引述；意料之外的轉述詞語脫口而出，或許使她本人都大吃一驚：「直到他死的那天。」

如果我們在這個問題上談得太多了，那是因爲我們感受到，若是一個人的母親從這麼遙遠的距離——哪怕只有一會兒——看待他，在他出生之前就哀悼他，那他未來和人相處的時候一定會產生隔閡，顯得疏遠。他將一直缺乏大多數人天生具備的人際交往的能力，也永遠不會像參孫他自己死到臨頭時所說的：「像每個人一樣。」⑧

所以，即使參孫母親的不孕已經被奇蹟般地「治癒」了，她似乎也已把不孕作爲象徵一般直接傳給了兒子，使他遠離人類存在的至關重要的核心（這似乎是唯一的「遺傳性不孕」的例子）。

但這是上帝，而非參孫的母親，決定他將成爲一個拿細耳人。也就是說，一個把自己和生活分開的人。在希伯來文中，「拿細耳人」（nazir）這個詞不但讓人聯想到詞根「ndr」（誓約），也令人想起「zar」（陌生人、外邦人）。然而，人們不禁也感到，這同樣是母親對兒子的看法——她看著腹中的胎兒，下了殘酷的結論——這並不亞於上帝決定參孫一生命運的命令。

＊＊＊

尙未出生的孩子身上的陌生性很快成倍地增加了。大吃一驚的瑪挪亞向上帝祈禱，請求得到進一步的指示：「主啊，求你再差遣那神人到我們這裡來，好指教我們怎樣待這將要生的孩子。」

「將要生的孩子？」還在母親腹中的時候，參孫已經被他的父親用一個正式的、保持距離的定義區分出來。即使瑪挪亞企盼說出「我們的孩子」、「我兒子」、「我的孩子」這種詞已經很久了，他現在也小心翼翼地使用天使所說、他妻子轉述的話。也許因爲他覺得，即使在現在，他也必須對即將成爲他們民族導師的人保持敬畏的距離。

也許瑪挪亞還多想了一層：將來必須把孩子當作一件珍貴的器皿照顧

——也許太珍貴了，乃至超出了他父母的能力。這不是用人的自然天性就能撫養的孩子，所以上帝啊，我請求你，再多給一些指示吧……

天使確實回來了，但再次選擇向妻子顯現。那時她「正坐在田間」，「她丈夫瑪挪亞卻沒有同她在一處」。我們得到了更深的印象：天使更喜歡把資訊、祕密通報給女人，而且他要在女人孤身一人的時候與她見面，甚至不僅是「孤身一人」，還要在她丈夫不在身邊的時候。但她，也許是害怕閒話，也許是出於對丈夫的忠誠，抑或是感到他們的命運一體——希望她的丈夫參與會面。這次，講述者描繪了一點細節：「婦人急忙跑去告訴丈夫說」。我們可以想像，她粗壯的雙腿在田地裡奔跑，她的臂膀在空氣中奮力揮動著，無數想法湧上腦門。她來到瑪挪亞跟前，告訴他，同一個人，就是「那日到我面前來的人」，又一次向她顯現了。

「瑪挪亞起來跟隨他的妻。」⑨

這些詞的韻律表現出瑪挪亞緩慢而沉重的步伐（「瑪挪亞」這個名字本身意思是「休息」；而在聖經後的希伯來語中，也表示「遲到」或「已故的」）。因此，這句話的詞語與「婦人急忙跑去告訴丈夫說」形成了有趣的對比。講述者刻畫出一個懶散的人，悠哉悠哉地在後面跟著他那風風火火、精力充沛的妻子。因此，瑪挪亞受到編纂《塔木德》⑩的拉比們的嚴厲批判。他們裁定他是個「不學無術者」，因爲他違反了一條重要的性別戒律：「在路上男人不得走在女人之後（即使是他自己的妻子，或是過橋時），她必須在他身側。過河時走在女人身後的男人在來世將沒有位置。」⑪

於是瑪挪亞跟著他的妻子，見到了那個陌生人，打量著他的外表。儘管之前已經明確請求上帝把那位「神人」再次派來，瑪挪亞仍然免不了對面前這傢伙產生很大懷疑。這人和他妻子在田間單獨見面，而且有兩次，然後她立刻就知道自己懷了孩子。「你就是向這女人說話的那個男人嗎？」⑫他問道。從這句話，讀者可以想像到他看天使的目光有幾分沮喪；聽出猜疑、嫉妒和謙卑的混合——他深深地自卑，卻無能爲力。

應當注意到，瑪挪亞沒有問：「你就是臨到我妻子（女人）的那個男人嗎？」⑬也許有些東西阻止他說出這生硬的詞。在如此微妙的環境下——兩個男人和一個可能懷孕的女人——這個詞的含義很可能導致三個人徹底的對抗。但那時候，瑪挪亞把陌生人稱爲「男人」而非「神人」；並且把「男人」和「女人」這兩個詞並列，把他倆置於一種親密的關係之中，他自己卻置身事外。從他的問題背後，可以看出他是多麼懷疑和嫉妒。⑭

天使簡短地回答道：「我就是。」⑮

「願你的話應驗，」瑪挪亞說。接著補充道：「我們當怎樣待這孩子，他後來當怎樣呢？」他的話語中又一次流露出對這個陌生人的警覺和謹愼，也許跟他面對應許的兒子時一樣。瑪挪亞顯然不相信他在跟神人或是天使對話。如果他信了，則必定會匍匐在地，而不是像往常一樣隨意說話，沒有一點禮貌，也沒有一句乞求。

這裡產生了一個問題：在向妻子和現在向丈夫的兩次「顯現」中，天使有沒有改變他的樣貌呢？因爲在瑪挪亞眼裡，他並沒有清楚地表現出「上帝使者的相貌，甚是可畏」。是否是女人出於某種原因，在描述時加以誇張了？也許天使的樣貌根本沒有變化，只是男人和女人在認識交談對象隱藏身分時能力有所區別吧。

天使又一次給出詳細的指示，就是保證上帝的拿細耳人順利出生和成長的正確做法。同時，從對話中不難發現，他極不情願對瑪挪亞說話，簡直就是在抗議。因此，他通過妻子強調了這個男人的多餘和低人一等：「我告訴婦人的一切事，她都當謹慎。」

重讀一次就會發現，天使向瑪挪亞重複指示的時候，也沒有提到給孩子剃頭的禁令。天使再次省略這一點，有什麼含義呢？女人這麼做的時候，可以理解爲她一時糊塗。但這次的省略卻有更重要的一層意義：參孫的弱點當然在於頭髮，後來他的頭髮被剃光，導致了他的死亡。女人和天使有沒有可能出於某種考慮，希望對孩子的父親隱瞞孩子的弱點呢？也許他們倆意識到這件事對「將要出生的孩子」至關重要，而讓瑪挪亞保守祕密是靠不住的？

即使在宣講指示之後，丈夫和天使之間的緊張仍在繼續。瑪挪亞的處境是難以忍受的，無數的資訊從各方湧向他，他被殘酷且矛盾的感覺淹沒了。首先是重重懷疑：他的妻子跟這個傲慢的陌生人精心炮製了一個陰謀對付他。即使是一個比他快得多、聰明得多的人此刻的心情也必定十分悲觀。在痛苦中，瑪挪亞試圖接近天使：「求你容我們款留你，好爲你預備一隻山羊羔。」他提出邀請。天使卻不加解釋，而用懷有敵意和類似審判的方式拒絕了：「你雖然款留我，我卻不吃你的食物。」他說完又補充道，瑪挪亞應當把燔祭獻與上帝，而不是他。也許他懷疑瑪挪亞只是想留住他，好探探他的底細。經文說「原來瑪挪亞不知道他是耶和華的使者」，幾分鐘過去了，缺乏這個認知進一步證明了瑪挪亞這個人物的遲鈍。

尷尬的瑪挪亞詢問天使的名字，還在問題上加了個拙劣的解釋：「到你話應驗的時候，我們好尊敬你。」也就是指預言實現的時候。但天使回絕了他：「你何必問我的名？我名是奇妙的。」

「奇妙的」，他這樣反駁瑪挪亞。也就是說，超越了你的能力，對你而言太深奧了。可以推斷，這個明顯爲了堵瑪挪亞的嘴而說出的詞，將長期銘刻在他的記憶中。在他今後面對兒子——他不可思議的奇妙行爲簡直像一堵牆——的時候，這個侮辱也會不時被回想起來。

瑪挪亞猶猶豫豫、困惑不已。他按照天使不那麼令人愉快的回答，把山羊羔和素祭放到石頭上。天使「行奇妙的事」，從岩石中生出火來，接著自己也升到天上去了。瑪挪亞和他的妻看見，就俯伏在地上。現在，瑪挪亞終於完全相信這是上帝的使者了。「我們必要死，因爲看見了上帝。」他對妻子說。他的聲音因爲恐懼顫抖著。恐懼不僅針對上帝和天使，也是對這次奇異的會面將要帶給他們生活的一切的，也許還有對未出生的孩子的恐懼——他們的孩子，他們苦苦等待、乞求得到的孩子——現在他的周圍不僅包著羊水，還有一層難以滲透的隔膜，充滿謎團和威脅。

「我們必要死。」瑪挪亞自言自語地嘀咕著。他的妻子卻以簡單的邏輯回答道：「耶和華若要殺我們，必不從我們手裡收納燔祭和素祭，並不將這一切事指示我們，今日也不將這些話告訴我們。」話語中似乎還有些許輕蔑的意味，這來源於天使居高臨下的冰冷語調，現在仍在他們周圍盤旋。

稍早時候還被人用「不孕者」簡稱的女人在讀者眼中的地位漸漸重要起來。也許是因爲懷孕賜予她力量，使她變得高貴；也許是她得知自己懷了一個出類拔萃的孩子——儘管仍有懷疑和焦慮——這給了她新的自信。難以想像的是，像她這樣敏銳的女人竟然沒有注意到天使兩次都選擇單獨向她顯現。

但這些猜測也有可能都是錯誤的，混淆了因果。很有可能她自始至終都是個強壯、機敏、勇敢而足智多謀的女人，正因爲如此天使才向她而非她的丈夫傳達訊息。關於這一點，有趣的是當林布蘭⑯描繪這對夫妻和天使的會面時，把瑪挪亞的臉「推向」一個順從、甚至荒謬可笑的位置——一眼看上去就像一袋馬鈴薯。相反，和聖經的看法不同，他的妻子筆直地坐在伏地的丈夫身邊，表現出高貴、信心和決心。林布蘭顯然也像很多讀過這個故事的人一樣，認爲女人更強，占了主導地位。如果眞是如此，我們可以想像她的影響是多麼重要，她剛剛說的話也將影響參孫的一生——直到他死的那天。

＊＊＊

今天的瑣拉是一個「基布茲」⑰，靠近一座小山，聖經中的瑣拉就位於山上。它的創建者是「聯合運動」的成員和帕爾馬赫⑱的戰士。「基布茲」建於一九四八年底，那時五個阿拉伯國家入侵新成立的以色列國所引發的獨立戰爭⑲正在進行。和聖經時代的戰爭一樣，猶大平原在這場戰爭中也具有重要的戰略意義，是兵家必爭之地。當以色列軍隊逼近阿拉伯村莊薩拉時，那裡大多數居民逃走了，剩下的一部分也被驅逐。他們全都淪爲難民，生活在離希伯崙不遠的德黑沙難民營。

時間到了二〇〇二年十月，平原上陰沉悶熱的一天。廣播報告說瑣拉和以實陶之間的參孫路口交通繁忙。一條泥濘的小路從主幹道延伸到一片樹林，把行人引向廢棄的阿拉伯村莊薩拉的園子。突然，那裡的小樹叢中冒出兩個人影，一個母親和她的兒子。他們是從德黑沙來的巴勒斯坦人，準備從樹上收割曾經屬於他們家的橄欖。女人使勁搖著樹枝，用一根棍子抽打它們；她的兒子，一個十歲左右的男孩兒，在樹下迅速而安靜地用一塊展開的布收集落下的黑橄欖。

大約三千年前，同樣是在這裡，在這一片崎嶇不平的棕褐色土地上，在橄欖樹、橡樹和角豆樹之間，瑪挪亞的妻子躺下生育。就在這裡，她給孩子取名爲參孫（Shimshon），在希伯來語裡意思是「小太陽」，或許也有太陽（shemesh）加力量（on）的意思。

顯然，參孫和其他「太陽英雄」，比如赫拉克勒斯、珀修斯、普羅米修斯以及阿波羅之子墨普修斯有很多相似點。[20]拉比約哈難試圖「淨化」參孫，使他的名字遠離一切異教崇拜的暗示：「參孫被上帝呼召、祝福，就像經上記的：『因爲耶和華上帝是日頭，是盾牌』（詩篇84・12㉑）……就像上帝保護全世界一樣，參孫在他的時代也保衛著以色列人。」㉒而西元一世紀的猶太—羅馬史學家約瑟福斯在他的《猶太古史》中聲稱「參孫」的意思是「強壯」，並補充說，「孩子生長很快，從他有節制的生活和頭髮的生長可以明顯看出，他將成爲一個先知。」㉓

「孩子長大，耶和華賜福與他。」聖經告訴我們。《塔木德》評論道：「他被祝福爲『b'amato』㉔。他的陽具（amah）與常人無異，但他的精液像快速流淌的河。」㉕就算拉比的評注有些異想天開，參孫之後的所作所爲的確證實了這一假設。之後發生的事重要性不亞於神聖的祝福：「在瑪哈尼・但，就是瑣拉和以實陶中間，耶和華的靈開始感動他。」㉖

「耶和華的靈」究竟是怎樣開始「感動」這個年輕人的呢?這是一種使命和召喚的感覺,或是使他產生了某種內在的靈感?希伯來文中,「感動他」(Lefa'amo)淸楚地表現出人的心跳,有力的撞擊似乎代表著情感的波瀾。的確,在參孫生命的每個階段,他的身體和靈魂都發出了這持久而令人激動的聲音。《耶路撒冷塔木德》試圖對參孫的激情給出具體的生理解釋,聲稱當聖靈臨到他時,他的每一步都變得有瑣拉到以實陶之間的距離那麼大;他兩鬢的頭髮就像鈴㉗一樣,鈴的響聲也能達到同樣遠的距離。㉘《佐哈爾》㉙的解釋則生動得多:「感動他(Lefa'amo):聖靈來來去去,從未久留在他體內。所以寫道:『耶和華的靈開始感動他』,因爲之後又是一個新的開始。」㉚中世紀評注者吉爾松(Gersonides)從英雄理性的角度解釋參孫的激情。他玩了另一個文字遊戲:「這一次㉛他決定去跟非利士人作戰，下次就決定不去了，像鈴一樣搖擺不定。」

但簡單讀一下經文就會發現，參孫並沒有被任何召喚或是靈感所激動，而是走上了另一個出乎意料的方向。當上帝的靈呼喚他時，他做了什麼呢？他開始招兵買馬，以便儘快拯救他的百姓脫離非利士人之手；還是在部族內積累政治力量；或是試圖得到一位大祭司的祝福和支持了？沒有，什麼都沒有。參孫甦醒過來，去愛了。

「參孫下到亭拿，在那裡看見一個女子，是非利士人的女兒。」㉜

他立刻回到瑣拉家中，見過父母，稟告說：「我在亭拿看見一個女子，是非利士人的女兒，願你們給我娶來爲妻。」儘管並沒有直接表達「愛」這個詞，我們可以從參孫的話中感受到在他內心攪動的決心和深厚的感情。很難知道他自己這時是否能夠區分這複雜的情緒，把愛情從新的偉大

「聖靈」中分別出來。但這奇怪嗎?;戀愛,尤其是初戀,毫無疑問可以喚起一個人的感情,使他覺得自己好似剛剛出生;,新奇而富於力量的空氣瀰漫在他的體內。

有些人爲拿細耳人和女人的結合感到困惑,這裡應該爲他們解釋一下:猶太教中的拿細耳人並非基督教的修士或者佛教的僧侶。㉝聖經的律法書〈〈民數記〉第六章〉命令拿細耳人遠離三件事:他不能喝酒,不能吃葡萄樹上所結的食物;,他不能剃頭;,他也不能接近死屍(這一條在針對參孫的禁令中並未提及)。另一方面,他並不被禁止結婚或是親近女人。不過,奉勸讀者還是不要抱太高的期望——以爲他就像薄伽丘的《十日談》㉞和《坎特伯雷故事集》㉟裡淫蕩的修士一樣。聖經的作者——如同大多數作者一樣,天生是個煞風景的人——很快就注釋說,參孫被非利士女子所吸引,

「這事是出於耶和華，因爲他找機會攻擊非利士人。那時，非利士人轄制以色列人。」

也就是說，這並非由於愛情、性欲或是浪漫，總之就不是他的自由意志：參孫被非利士女子吸引，因爲上帝要找藉口攻擊壓迫以色列人的非利士人。這是聖經提到的參孫欲望的唯一動機。但事實的陳述並不能阻止讀者對參孫作爲故事中一個人的角色感到好奇。因爲他自己肯定不會把愛的感覺當作其他人的「藉口」——即使是上帝的也不行——而他對亭拿女子強烈而直接的反應證明他，這個男人，這個有血有肉的參孫，在尋找愛情，他需要愛情！他怎麼可能理解這熊熊燃燒的愛情之火並不全是他的，他只是上帝手中一個政治軍事的工具呢？有人能理解這種事嗎？有人能接受類似他不是自己父母「自然生產的孩子」的訊息嗎？那麼現在，作爲一個男人，他對女人的渴望又豈能說沒收就沒收，說安上就安上？

當我們提出這些問題時，一種悲哀的可能性變得愈加明顯：我們故事中的英雄並不知道，而且恐怕永遠也不會明白，早在他出生之前，上帝已經把他的欲望，他的愛，乃至他全部的感情生活，都統統「收歸國有」了。

「願你們將她娶來給我爲妻。」㊱參孫半是詢問，半是要求他的父母。我們饒有興致地注意到，和兒子要求父親爲他娶妻的典型的聖經場景不同，這裡參孫是在向他的父母兩人同時要求。而且自此往後，他們總是被一道提及：父親和母親。聖經故事的講述者一次又一次說明，參孫母親至少和他的父親一樣重要。

而他們也是用一個聲音，一同回答他的（「他父母對他說」㊲）。在這樣的情景中，這是典型的父母會對參孫說的話：「在你弟兄的女兒中，或在本國的民中，豈沒有一個女子，何至你去在未受割禮的非利士人中娶妻呢？」換句話說——你爲什麼不從我們之中找個人結婚呢？

參孫不僅決定娶一個外邦人，另一個民族的女子；而且這個民族，非利士人，恰恰是以色列最痛恨的敵人：他們仗著掌握了鐵製兵器的優勢，一次又一次侵略和奴役以色列的部落，並且阻止他們發展自己的冶鐵技術，「恐怕希伯來人製造刀槍」㊳。就在過去四十年裡，正如我們在故事一開始所描述的那樣，他們控制了以色列人，驅使他們勞動。此外眾所周知的是，這個「但」支派，就是參孫的支派，位於以色列的邊界。在這裡很難建立家園，因爲它經常被更強大的民族——非利士人和其他人——包圍和襲擊。持續不斷的衝突令這個支派的實力損耗殆盡，元氣大傷。在以色列的支派中，無論在文化、政治還是社會影響方面，它都已經無足輕重。

㊴（在此可以發現，雅各臨死前給兒子但所做的祝福，包括對他的信心和期待，並不那麼現實：「但必判斷他的民，作以色列支派之一。」之後也許重重歎了口氣，又補充說：「耶和華啊，我向來等候你的救恩。」㊵）

這就是參孫和非利士女子開始發展關係時宏大的民族背景。但年輕人和他的父母之間發生的事更值得注意：首先，他們糊塗了，因爲他們知道（只要他母親知道），參孫一定會拯救他的民族脫離非利士人之手。那麼，他現在跟一個非利士女子做什麼呢？其次，當他們對他說「在你弟兄的女兒中，或在本國的民中，豈沒有一個女子，何至你去在未受割禮的非利士人中娶妻呢？」的時候，他們的責備和抱怨是顯而易見的：「你爲什麼就不能像其他人一樣呢？」讀到這裡，我們也許會發出會心的微笑，因爲這聽起來像我們的父母對我們的嘮叨（而且我們曾經發誓不再對自己的孩子說），但參孫的故事絕不是一齣喜劇。這是個悲慘的故事，不僅因爲這個孩子的陌生性。他和父母之間的差別如此顯著，有時簡直讓人覺得，他和他們來自人類生存世界中兩個截然不同的時空，中間橫亙著無法逾越的鴻溝。因此，當父母說出「陳詞濫調」的時候，飽含著令人心碎卻無可救藥的痛苦。

現在可以推斷，參孫的父母從他的每一步行動之中，都漸漸得知他的陌生性和奇異性將變得越來越顯著。所有人都會清楚，從某種意義上說，他是被不同的材料造成的——當他還在母親腹中時，某種陌生而特殊的本質已經滲入他的體內——正因爲如此，他將永遠不可能與他的家庭和人民自然、和諧地融爲一體。

儘管他們知道得很淸楚，參孫生來就不會「像其他人一樣」（不管怎麼說，他們是掌握著這一訊息的人），他們仍然十分悲傷，痛苦的問題脫口而出。作爲父母，他們不得不毫無遲疑地向這個宏偉神聖的目標妥協。它「徵用」了他們的兒子，把他變成他應該成爲的人。他們倆同時感到臍帶斷裂的疼痛，就此永遠與他分離了。

可以想像，在這一時刻，當他的父母試圖拒絕他的決定時，參孫直視著他父親的眼睛。他想用目光讓他知道，他選擇的女人是多麼「適合他」。他面對的是優柔寡斷、瞻前顧後的瑪挪亞。瑪挪亞對這個兒子一直深表懷疑：他突然在他的窩裡孵化，就像別的鳥下的蛋一樣，出乎意料之外，又充滿危險。瑪挪亞和他精力充沛、咄咄逼人、堅定果斷、勇敢興奮的兒子參孫實在大相逕庭。根據經文，參孫沒有回答他父親和母親的問題。我們不知道這是因爲他的確十分堅決，還是父母痛苦的詢問——「在你弟兄的女兒中，或在本國的民中，豈沒有一個女子，何至你去在未受割禮的非利士人中娶妻呢？」——在一瞬間引發了一種混亂的情感：同樣有些許可能的是，他被這個非利士女孩吸引的原因並不那麼明顯，或是完全「自然的」。

他又一次對瑪挪亞說：「願你給我娶那女子，因她在我眼中看爲美。」㊶這次，參孫只對他父親說。他這麼做也許是因爲他感到瑪挪亞比較軟弱，更搖擺不定。但也有可能是因爲他覺得把目光轉向母親會有壓力。當他提到一個「適合他」的女子時，他不能直視著一位女性長輩——如果她並不情願——說出他麻煩的對象。

父子的目光碰撞交流著。在參孫的個人歷史上，這是一個決定性的時刻。之後還有其他艱難的努力，但這是他第一次不得不公開挑戰他父親（還有母親）的權威。對所有人來說毫無疑問的是，即使在這個情景發生之前，參孫已經和其他人不同了。家裡和支派中流傳的故事——懷孕的情況、他被揀選完成的偉大任務——爲這一印象提供了佐證。他從未剃過的長髮同樣令他別具一格。但現在，這一次，參孫宣稱他自己不僅僅與眾不同，而且在精神上更接近外邦人，接近敵人。

＊＊＊

他們出發了。參孫，他父親和他母親離開瑣拉，前往亭拿的女子那裡。他們行進在風中，穿過乾燥的荊棘和晚夏的莊稼地。

長著長腿的參孫大步流星地向亭拿走著，常人很難跟上他的步伐。他的父母肯定需要不時停下喘口氣。比如在這裡，瑣拉西南的一個山頂，可以俯瞰整個梭烈河谷。他們停下來，大口喘著粗氣，擦拭臉上的汗水。那時候，這片地方樹木豐茂——「多如高原的桑樹」㊷曾是形容茂盛的比喻——但今天，這裡卻樹木稀少，山也是光禿禿的。桑樹早已被松樹取代，松樹在地中海的熱浪中看起來幾乎是灰色的。下面的平原上便是貝特・舍梅什㊸的道路、屋頂和工業區，還有清澈如鏡的小溪環繞著的盆地。從遠處看，似乎有橙紅色的東西在熊熊燃燒——也許是一棵樹在可怕的熱浪中燒著了，或者只是處理垃圾而已——參孫的背影消失在山脊的盡頭，走進河谷，徑直往亭拿下去。

在這裡，亭拿的葡萄園的入口，一隻咆哮的獅子在他面前出現。(那時候，獅子是以色列地區土生土長的野獸之一，但後來就滅絕了。) 上帝的靈便感動參孫，他像一陣風一般將獅子撕裂，「如同撕裂山羊羔一樣」。他完全是赤手空拳，但「他行這事並沒有告訴父母」。

有兩件事需要說明：他的父母怎麼會沒有見證到這場搏鬥呢？用非常簡單的解釋就可以解開這個謎團：他比他們走得快；他知道一條捷徑，而他們走的是大路；或者，也許他的父母穿過了亭拿的葡萄園，而他從他們身後繞過，以避免違反「拿細耳人不得接近葡萄」的禁令。㊹

第二個問題更複雜一些；他和父母一同走著，赤手空拳撕裂了一頭獅子，卻什麼都沒說。他爲何沉默呢？難道是謙虛嗎？或許他覺得這並不重要？難以置信。因爲不僅這次搏鬥如此非同尋常，而且很快就能發現，參孫本人也一直沉浸在對它的回想中，甚至以此誇耀自己。

那麼，他的沉默也許是因爲他覺得，獅子的情節跟他與父母、與普通人的關係都毫不相干？換句話說，參孫有可能感到，與獅子的搏鬥是一個記號，是他和他體內的「聖靈」交流的密碼，是上帝重新確認和他的特殊聯繫時使用的一種語言。這幫助他在這一道路上繼續前進，並使他相信引導他的那些衝動，即使有時它們和他父母的願望相悖。

因爲他對獅子所做的大大超出了人類的能力，他有沒有可能只是在避免把他的父母捲入其中，因此並沒有給他們更多的證據，證明他是多麼與眾不同、與他們是多麼疏遠？像他這樣的人很清楚，每增加一條證據，他和父母的距離就要拉遠一些。這些疏遠的行爲——就算是他的獨特性的重要標誌——也令人無比痛苦，使他一點點遠離他們，直到從他們之中被「流放」。

也有可能是由於他發現了關於他自己的東西。與獅子的搏鬥令他驚慌：隱藏著的超人力量第一次爆發出來，向他顯現，這也許帶給他深深的震驚，把他和他並不完全屬於人類的富於英雄色彩的新生活分隔開來。

一個還在母親腹中就被父母看作陌生人，並且沒有得到他們完全承認的人，命中注定對他自己多少會有些懷疑。他會留意他的存在中陌生而難以理解的一面。與天使向他父母傳達訊息時所用的詞一樣，這是「奇妙的」：神祕，不可知，也因此成爲驚訝和懷疑的源頭。更進一步，也有可能發現一個被判爲「自我疑惑」的人往往無法確定自己是否是父母的合法子女：這個麻煩的懷疑揮之不去，它關係到他到底是不是這個家庭「合法」的成員，他是否「和其他人一樣」。這是他永遠無法擺脫的疑問。他的體內總存在著一個陌生人，一個隱藏的、敵對的過客，甚至是——第五縱隊。

＊＊＊

大塊文化10月新書推薦

我的西域，你的東土

「中國最敢言的作家」——《黃禍》、《天葬》、《遞進民主》作者最新作品

新疆，它是中國現實領土六分之一面積的稱號，一旦進入某種場合，就從一個地名變成包含很多難題和對抗的歷史。什麼是「新疆」？最直接的解釋是「新的疆土」。但是對維吾爾人而言，那片土地怎麼會是他們「新的疆土」，那是他們的家園，是祖先世世代代生活的土地！只有對佔領者才是「新的疆土」。維吾爾人不願意聽到這個地名，那是帝國擴張的宣示，是殖民者的炫耀，同時是當地民族屈辱與不幸的見證。

1999年王力雄剛出版《天葬——西藏的命運》，再寫一本新疆問題的《天葬》是他最初的想法。但因蒐集新疆機密資料導致被情治人員追捕、入獄，開啓作者進入新疆的另一道門。那道門內的新疆不再是文件和書本的符號，而是眞實的血肉、情感乃至體溫。他與新疆的土地和在那片土地上生活的人們從此有了脈絡相通、呼吸與共的感覺，以及以維吾爾人角度出發的思索。

定價450元

作者：**王力雄**

1953年生，籍貫山東，漢族。他曾以「保密」爲名，出版了震驚海內外的長篇政治寓言小說《黃禍》，引起全球媒體的追蹤報導。該書曾入選爲「二十世紀中文小說一百強」(《亞洲週刊》)，至今仍在港臺以及海外暢銷，被國際媒體譽爲「中國最敢言的作家」。

同時推薦

《遞進民主》

王力雄主張在西方民主與中共現有體制之外，必須另闢「第三條路」，也就是所謂的「遞進民主」。作者更大膽預測中國未來朝向民主化發展乃勢之所趨，並藉由此書勾勒出他心目中更適合中國的全新政治藍圖，以及解決兩岸衝突的有效規劃。

定價380元

平裝定價260元

精裝定價360元

月亮忘記了(新版)

幾米溫暖經典作品新版上市

看不見的，是不是等於不存在？
記住的，是不是永遠不會消失？
《月亮忘記了》創作於1999年921大地震前夕，在那樣的時期，它曾經療癒許多孤單的心。有如「一車車微笑的月亮，運往每個哀傷的黑暗城市」。
但是，當城市外在的黑暗過去，看不見的黑暗卻愈來愈深，人心的孤寂和不安未曾遠離。於是，那溫柔的月亮和小男孩的故事，在每個不同的時刻，依然默默地提供著光亮。這個充滿創意與奇想的故事，卻精準地描繪了現實，貼近人心。
尤其當我們仰望星空，那些無言的時刻，尤其在那些孤單卻仍感到溫暖的角落。還好，月亮出來了。
※聯合報讀書人最佳童書
※民生報好書大家讀年度最佳童書

作者：**幾米**

繪本作家。1998年開始創作。作品風靡兩岸三地，美、法、德、希臘、韓、日、泰等國皆有譯本。

同時推薦

排行榜上的幾米最新作品 **《我的錯都是大人的錯》**

和孩子同樣敏感的幾米，用一張張圖和幾句話，便明白地道出了孩子們的心聲。這本書是孩子純真的抗議，抗議大人對他們想法的漠視，抗議這個世界對小孩的不了解。「嘿！不要用你們大人的想法和眼光來看我，大人看不到我們內心的奇幻彩虹！」

平裝定價280元　精裝定價380元

獅子蜜——參孫的神話或迷思

以巴和平運動推動者、諾貝爾獎提名作家
大衛．格羅斯曼借古喻今震撼人心之作

《獅子蜜》的書名寓意取自參孫的一段經歷，參孫在敵人的地盤上徒手擊殺了遭遇的獅子，之後蜜蜂在獅子屍骨內築巢，參孫再度經過時便取蜂蜜而食。這個謎語般的巧妙象徵點出積極謀生求存的世界觀——遇強者須有勇氣與之搏鬥，而後才能享有甜美結果。

參孫常以英雄的形象流傳，一個命定去攻擊轄制以色列的外族非利士人的英雄，一生殺敵無數，最終選擇與敵人共亡的悲劇英雄。本書探討參孫的天賦使命與人性欲望的不斷衝突，作者以人性的角度來看待這位傳統的英雄人物，耳目一新之外，在在展現了絕妙奇趣的觀點，包括引出了近代精神分析學者從參孫的行爲模式歸納出「參孫情結」——不自主地讓自己陷於有被背叛之虞的處境，而得以藉口展現狂暴衝動，最終走向毀滅性的同歸於盡。

作者：**大衛．格羅斯曼（David Grossman）**

以色列當代著名作家、政治文化評論家，1954年生於耶路撒冷，作品被翻譯成25種語言，包括6本蜚聲國際的小說及青少年與兒童文學作品；曾獲得諾貝爾獎提名、法國藝術與文學騎士勛章等無數獎項。他的作品有《向下看：愛情》、《死亡作爲一種生活方式》、《論殺戮》，以及被改編成電影的小說《與某人共逃》等。格羅斯曼曾任記者、廣播電台演員，長年致力於以巴和平運動，現居耶路撒冷郊區。

王浩威、吳叡人、李家同、林義雄、南方朔　鄭重推薦
南方朔　專文導讀

定價220元

葛林斯潘

THE AGE OF TURBULENCE: Adventures in a New World

我們的新世界

人生的新世界可以如何探索。今天的新世界如何形成。
以及，2030年以前，我們將面臨與經歷的事情。

Alan Greenspan 林茂昌◎譯

大塊文化 LOCUS
Future · Adventure · Culture

雁子說故事──小仙精慈雨

來自神秘仙境國度的仙精與臺灣小男孩的奇妙歷險

一個在仙境王國第一次獨自啓程尋找海馬龍的小仙精，一個不愼掉入時光裂隙進入險惡又詭譎的仙境王國的地球小孩，由鄙視、陌生到尊重、扶持的驚險旅程。在仙境如幻似眞的野生動物世界，面對生存、死亡、殺戮等等嚴肅課題時，兩個南轅北轍的旅伴，運用勇氣與智慧學到尊重自然生態的眞義。

結合古老與現代、蠻荒與文明、獸性與人性，卻不失故事之趣味。文中多次介紹台灣有名的地物小吃，配合作者親自繪製的大量插圖，意圖在一片國外翻譯的魔幻小說中，給台灣的讀者眞正有台灣味的神話故事，讓大家有屬於台灣原味風貌的魔幻小說可以追尋與玩味。

作者：**雁子**

1966年誕生在地球，據說是學廣告設計的脾氣暴躁的牡羊座。曾經當過報社、出版社、廣告公司的美編和插畫和主編，應該有20年的資歷，目前是某書局出版部的特約插畫家和卑微的美術設計。

雁子是個愛說故事的爸爸。在台北，爲兩個孩子──尤其是8歲的女兒，梅子，講了2715 2/5個床邊故事。有魔法的、溫馨的、怪誕的，當然還有恐怖刺激的鬼故事。

七年前，從一張雁子畫的仙精與海馬龍開始，說了689 2/5個仙精的冒險故事，雁子娘說，爲什麼不寫出來分享給更多小朋友看？

雁子懶懶的回答，因爲，故事太豐富，怎麼寫也寫不完。

幸好有一群善良的大朋友，從雁子滿坑滿谷的故事裡，整理出這篇超級精彩的冒險旅程，讓地球人都有機會聽雁子說故事！

現在，就讓我們一起進入這個驚奇無限的魔幻國度吧！

定價350元

他到達亭拿，又一次見到了那個非利士女子。他必定上上下下仔細打量她，以確定她是適合他的人（同時也密切注意他父母對她的反應）。聖經講述者又一次強調，這次見面之後，她仍然「在參孫眼中看爲美」㊺。讀者已經知道，這新的愛情只不過是上帝爲了打擊非利士人找來的藉口而已；因此這時不禁想起，在參孫浪漫的衝動和上帝要他做的事之間，存在著悲哀的差異。

當參孫「過了些日子」回來娶那女子時，他又回去看「死獅」。他不僅僅是過去，而且是「轉向道旁要看死獅」——換句話說，他去未來的妻子那兒時，在路上故意繞道，以便再次看看那死去的獅子。

他的心理顯然不難瞭解，也能理解他想回去細細品味塵封在心中的這一光輝時刻的需要。但同樣可以想像，他去那兒是因爲已經過了些日子（這裡的「日子」有可能長達整整一年），就連他自己也開始懷疑這一壯舉是否眞正發生過，還是僅僅只是個夢而已。或者他不過是想到自己取得輝煌勝利的地方故地重遊，以便在他去女人那兒之前再確認一下自己的男子氣概？

當他站在死獅前面時，他看見「有一群蜂子和蜜在死獅之內，就用手取蜜」㊻。已經長大成人的參孫（儘管經文從沒有說他是個巨人）看見這樣的情景，大吃一驚。在他眼前，蜜蜂圍著骨架忙忙碌碌，獅子體內的蜂蜜越聚越多。參孫伸出手——一點也不怕被蜜蜂螫到——挖出蜂蜜，送進嘴裡。這也許令讀者心動：他這麼容易、這麼單純、這麼自然就伸出手了：他看見，他想要，他就拿了……就像他赤手空拳殺死獅子一樣，這次他也直接從裡面舀出蜂蜜，沒用勺子，沒用罐子，而是用他的雙手。之後他「且吃且走，到了父母那裡，給他父母，他們也吃了，只是沒有告訴這蜜是從死獅之內取來的。」

看看他吧：在英武的男性氣概之下，其實是一個吮著手指的小男孩兒。（無比強壯的體格、力量和孩子般不成熟的靈魂，這之間的差異是多麼令人驚訝和悲哀啊！）他一邊走一邊吃，一邊走一邊舔，直到他回到家裡，見過父母，把蜂蜜給他們。「他們也吃了，」而且顯然是從他的手掌中直接吃的。多麼奇妙而感性的場面！

但若是想到，邊走邊舔的參孫已經洞悉到某些全新的東西，我們會不會走得太遠了呢？當他回家的時候，某些從此進入他生活結構的東西爆發了。這是一種祕密的啓示，跟獅子的骨架和蜂蜜的味道，還有他即將要娶的女子在他心中激蕩的漣漪，都緊密相連著……

當參孫看到這難忘的一幕時，他很可能被一種全新的、預言般的知識所感動。他與生俱來的某些東西使他從這個震撼的圖景中吸收了很多象徵性的力量。它們和新的感覺與看待現實的方式，也就是世界觀，密切相關。

他看著獅子和它體內的蜜。毫無疑問，他被深深影響了：畢竟，他將很快把這一景象編成謎語，在他的婚禮上說出來。他看見他自己創造的非凡場面：是他殺死了獅子。因爲他，那些蜜蜂在那兒築了蜂巢、釀出蜂蜜，現在這些可口的蜂蜜又塡進了他的嘴巴……他的情感混雜起來。他能不發自內心地對這個難忘的場面產生激動嗎？它異常美麗、獨一無二，不也發散出深刻、隱晦而富於象徵意義的感覺嗎？

怎麼說明這個時刻呢？我們已經把它稱作「啓示」。但我們能否謹愼地補充一點：在這個時刻，看上去已經強壯無比的參孫，突然發現了一種藝術家看待世界的方法？

如果說，在故事的這個階段把參孫描述成一位藝術家有些奇怪，那麼在此之前，當他遇見獅子裡的蜜時，他清晰地表現出塑造現實的傾向——不管他會遇到怎樣的現實——他都會在上面署上自己獨一無二的簽名，也可以說，是他的風格。

即使參孫在傳統或古典的理解中並不是一位藝術家，在這一時刻，當他面對獅子的屍體時，他也有可能感到裡面爲他隱藏著一個線索。這個線索把人引向陌生的現實維度，或者至少是一種新的看待此事的方式。這種方式超出了被動的觀察本身，而是包含著創造和復活的力量（也許是骨架內生命的嗡嗡叫聲觸發了他這一點），而且也許可以在不犧牲他獨一性的前提下，稍稍減輕他與生俱來、莫可名狀的寂寞與悲涼。

他走在路上，蜂蜜從他的手掌間滴下。他回到家裡，來到父母身邊。這個天才的孩子，藏起了祕密，伸出雙手餵給他們吃，「只是沒有告訴他們這蜜是從死獅之內取來的。」㊼換句話說，直到現在他也沒告訴他們，他如何撕裂了獅子，這蜂蜜是哪兒弄來的。同樣令人驚訝的是他們也什麼都沒問他。也許他們害怕提問，害怕他的回答暴露出他們之間不斷加深的隔閡。

因爲他們保持沉默，他也便如此。也許他希望他們會淸楚一些事情，但不是從他說的話或給的暗示中得知。他們大概會猜想（就像孩子總希望他們的父母發現他們的祕密），會推測，比如說，關於蜂蜜的來源，或者他們會開個玩笑笑話這黏答答的東西不尋常的氣味。同時，憑藉突然產生的敏銳直覺，他們也會猜測參孫自己的事情，就是他們的兒子向他們隱藏或保留著的眞正的自我。

儘管出現了難熬的沉默——也許正因爲這沉默——在這個家庭氣息濃重的時刻，也有些淘氣頑皮的事情，充滿生活樂趣，甚至是幽默。而這在聖經裡隻字未提：不錯，他們一言不發，一句話也沒問，他也沒告訴他們。但是可以想像，參孫高高地揮舞著他的雙手；他那無疑比他矮小的父母把嘴張得大大的，伸出舌頭，欣然接受他的蜂蜜。參孫高興地叫喊著，和父母玩耍，拍打他們，爲他們跳舞，和他們一同歡笑，就像所有的正常人一樣。蜂蜜滴下來，流過面頰，流到下巴上，被舌頭舔淨。他們興奮得流出了眼淚……

在蜂蜜滴下的時候，他正在告訴他們一些顯然無法用其他方式表達的東西。順便說一下，他是多麼急迫地要告訴他們，乃至於他忘記了曾經去的地方：我們記得，他已經在去亭拿的路上了！究竟發生了什麼，令他突然掉頭，回到家裡的父母身邊來呢？難道他突然忘記他是在娶親的路上？（吉爾松的說法在這裡得到應驗：參孫「像鈴一樣搖擺不定」。）

在這個自發的、幾乎是本能的活動中，我們可以清楚地看到他搖擺的距離：他一方面希望離開父母，像一個成人那樣建立自己的生活；另一方面又深深地懷戀他們，渴望得到他們的讚許。連接他們的臍帶在整個故事中還會拉長或縮短。也許正是這條臍帶，從一開始就用不尋常的方式把參孫和他的母親聯繫起來，這一結合永遠不會被人用正常的途徑割裂。而在這裡，我們已經想知道：是否正是參孫這種正反兩面的情感，使他在一生中都沒有和這種女人墮入愛河？她們能夠眞正切斷臍帶、用自然的方式繫到自己身上，使男人依賴於女人。

但這個問題到合適的時候再問吧。現在，參孫還和他的父母在一起。

他們從他掬起的雙手中吃著蜂蜜。正如我們所說，對參孫而言，也許正是他從獅子裡取出的蜂蜜，「獅化」的蜂蜜，能夠使他把從來不知該怎麼用言語表達、卻一直渴望向父母解釋的東西變得具體：他們應該理解他——儘管他還在母親腹中命運就已經被確定，這把他從他們身邊隔離，給他的生活加入了隱藏的神聖目的；但不管他的肌肉多麼發達、力量多麼強大——他仍然非常需要他們的理解，他們的愛，他們重複的讚許。「看這兒，」他把手指給他們吮吸的時候，似乎在說，「看看我的內心吧，看看在這獅子般的肌肉下面，在我這不可以剃的毛髮下面；還有，在強加給我的任務和判決給我的領袖命運的下面。看看我的內心吧。只要一次，看看我內心的深處，你們就會看見，『甜的從強者出來』。」

他的父母還在繼續吮吸他手上的蜂蜜，但現在，頑皮和笑聲開始減弱了，原有的不安重新湧上他們心頭。他們無法直視他，因爲他似乎永遠都不會和他們協調一致。他們當然感受到他想親近他們的需要和欲望——簡單自在而溫馨的家庭團聚——而他們也想和他在一塊兒，感受他對他們的愛。他們像每一位父母一樣，希望全心愛他們的孩子；但總是有障礙。有些東西阻擋了他們。這些東西無疑使他令人驕傲，但卻無法完全理解。他很重要，但是得不到眞正的愛。

而他們也清楚地認識到，他不會承認他們的權威。這不僅表現在他堅持要和非利士女子結婚這點上，而且顯然在所有的事情上都是如此：因爲他聽命於比他們更厲害的力量。懷著一絲痛苦、羞愧的感覺，他們明白，他命中注定要用他自己獨一無二的方式創造生活，但他們無法敎他什麼東西。他們的生活和經歷不能爲擔任這樣一個人的父母做出任何準備。即使是這蜂蜜——天知道從哪兒來的——他們嘗起來味道也要打折。他們感到，祕密正一滴滴地滴下來，但他們卻沒有能力把握它，也無法理解兒子試圖告訴他們的東西。

正因爲他們理解他的時候有這樣的局限，我們強烈地感覺到，參孫希望使他們對他和他體內沉重的祕密產生的焦慮平靜下來。他把他們裹進甜蜜，想用黏黏的蜂蜜把他和他們牢牢地黏在一起。他懇求他們信任他，並且完全相信他是他們的。雖然他周圍的環境如此反常，可他們確實是他的父母；而他，也以自己奇特的方式忠於他們。

因爲空氣中已經有了背叛的氣氛。這沒有明說，並不確定，更不必是一種「典型的」背叛——就像參孫出生前，她母親和神祕的陌生人欺騙他父親一樣——但有可能更加深奧、更具破壞性。假如你有個還在母親腹中生長的孩子，他有這種奇妙、陌生的感覺，也許你便會退縮（就像包裹胎兒的子宮收縮一樣），本能地拒斥他。如果總是對這孩子，對他可能爆發出的東西感到驚愕、畏懼甚至懷疑，如果家庭的空氣中總是彌漫著這些，便會永遠有一種背叛的感覺。更確切地說，是被出賣的感覺。隱祕、深奧，也是相互之間的。顯然，他們誰都不想要這樣的感受，但它卻被強加給了他們三個。參孫一輩子都將生活在這種感覺中，他所有的行動都可以歸於感受它、爲它悲哀，但卻一遍又一遍地重複著它。

三個人在世界裡：一對夫婦，他們的兒子還沒出生就已經被「國有化」了；一個兒子，出生了，事實上卻是個孤兒。參孫生命中這個自相矛盾的任務是多麼艱難啊：他既要用他與眾不同的特徵做他自己，同時又要忠於與他截然不同的父母。現在讓我們暫時放下他們：世上所有的蜂蜜加在一起，也不可能使這一時刻變得甜蜜。

＊＊＊

參孫又下到亭拿去結婚。這次他只和他父親一個人去的。我們奇怪的是，他母親爲何沒有參加兒子的婚禮。這是當時的風俗，還是她本人的決定？如果是後者，又如何解釋這個生硬的舉動呢？這是她對參孫不聽勸告、一意孤行要娶非利士女子的抗議嗎？或者，也許她拒絕承認這樁婚事，是因爲母親的直覺告訴她，這婚姻不會帶來任何好處。不是因爲新娘，而是因爲她的兒子參孫。由於一些微妙的原因，她無法明說，但她清楚地認識到，他並不適合結婚。

「參孫在那裡設擺筵宴，因爲向來少年人都有這個規矩。」

這使讀者陷入思考：參孫到底還是想嘗試「像其他人一樣」做些事。但之後就會發現，即使是這個簡單的希望也很快便化爲泡影：非利士人看見參孫時，選了三十個陪伴者，在婚宴上陪他。我們不知道他們爲什麼這樣做。但可以猜測，他的外表，他顯露在外的強壯，還有某種令人不安的空氣和他與生俱來的野蠻，促使他們這樣圍住他，以避免任何可能的麻煩。講述者沒有說這些陪伴者是誰，但參孫這樣的人顯然是沒有朋友的，即使在他的婚禮上也是如此。他有的只是陪伴者（這個詞的發音就沒預示什麼好兆頭㊽）。

婚宴一開始，參孫便向他的客人發出挑戰：「我給你們出一個謎語，」他說，「你們在七日筵宴之內，若能猜出意思告訴我，我就給你們三十件裡衣，三十套衣裳；你們若不能猜出意思告訴我，你們就給我三十件裡衣，三十套衣裳。」

他們同意這些條件後，他說出了謎語：「吃的從吃者出來，甜的從強者出來。」

事實上，每當參孫開口時，幾乎都會迸出幾句詩來。無論如何，正如他的行爲證實的那樣，他引起了恐懼和厭惡。他是個惡棍，毫無節制地傷害和毀滅，所到之處血流成河。他像一個「勾勒姆」[49]，降生在這個世界上，充當上帝意志的致命武器。

但是突然，一個謎語。聰明，微妙，富於詩意。

他本可以顯示他那強健的肌肉，以取悅那些客人；或者表演一些體力上的絕技。這不用冒什麼風險，比如推倒支撐房子的柱子；但卻必定能使他們驚愕地張大嘴巴。

但他卻給他們出了個謎語。這不是一則普通的謎語，他知道他們根本不可能解開它：因爲謎底並不是建立在他們已知的知識、或是可以想通的邏輯推理的基礎上。也就是說，就他們現在所掌握的資訊，他們根本解不開參孫的謎語。

三天過去了，五天過去了，七天過去了。他們在他設置的陷阱裡越陷越深。宴會還在繼續，但氣氛越來越糟。空氣中出現神祕的因素，並漸漸擴散，直到超過了謎語本身。讀者不禁要把注意力從謎語轉向出謎的人，轉向他的眞實動機。

整整七天，參孫穿梭在他的客人之間，取笑著他們的無知、好奇和憤怒。他偶爾聽他們嘗試著提出什麼愚蠢的答案，就一遍遍地搖頭。他很有禮貌，但也帶著溫和的嘲笑和不加掩飾的滿足感。由於拿細耳人的禁令，他不能喝招待客人的酒。他們當然不可能不喝酒，但恐怕更像是在借酒澆愁，熄滅怒火。參孫沒有參加他們的豪飲，而這更加深了他們對他的憎惡。簡而言之，可以推測，在第一天和第二天，非利士人只是忙於解答謎語。他們一開始並不想測量這個奇怪的參孫內心究竟有多深。但整個形勢——不僅是他們要輸給他的三十件裡衣，三十套衣裳——徹底激怒了他們。

「吃的從吃者出來，甜的從強者出來。」

看來，很少有什麼事情能讓一個難解的謎語更令人瘋狂（參孫出謎語的故事也許是聖經中唯一的例子——即使是一個徹底的猶太愛國者也只有在這裡才可以感覺到這個人的身分，而且偏偏是在跟非利士人一起時）。至於參孫，可以眞切地感受到他從發生的事中得到了極大的快感：這快感不但來自於他們解謎時表現的無能，也來自於解謎者和難以捉摸的謎底之間存在的隱祕的、歷史性的摩擦——就像這個謎語本身所揭示的一樣。

也有可能——

他給他們出了這樣一個無法解開的謎語，有可能正是因爲，他一生都生活在一個巨大的謎團中——他自己也無法解開的謎團——因此，他感到一種強大的壓力，要想盡一切辦法製造謎團？三天、五天、七天就這麼過去了，出謎的人自己也成了一個謎。他像一個巨大的容器，裡面充滿了祕密，隨時可能爆炸……

這也許就是激發參孫的力量，而且不僅僅是在這件事上。他本人的生活就像一個謎面，他要解開他的祕密，他的謎底。他把自己推到危險的境地，享受著被人發現、被人解開的可能。但重新考慮一下，「享受」這個詞並不準確：他更像是被強迫這樣做的。他不得不面對這種感覺，這苦澀的事實——他是無法被人理解的，他永遠不可能從他的陌生性、也不可能從他體內的神祕中解脫出來。

到了第七天，陪伴者們完全失去了耐心。他們直截了當地對參孫的妻子說：「你誆哄你丈夫，探出謎語的意思告訴我們，免得我們用火燒你和你父家。」

「七日筵宴之內，」經文說，「她在丈夫面前啼哭。」

也就是說，在陪伴者們愈發惱怒的同時，參孫一整個星期都在忍受他妻子聲淚俱下的嘮叨！七天裡，她哭哭啼啼地糾纏著他，要他把謎底告訴她；而他卻保持沉默。這個女人曾經大大取悅參孫，以至他都不願聽從父母不讓娶她的懇求——可現在，他卻突然準備給她帶來痛苦，這簡直是在折磨她。

但爲什麼呢？是不是因爲他試圖告訴她——他生命中的第一個女人——即使是她也永遠無法完全瞭解他？或者，也許這七天是他爲自己舉行的一場「界定邊界」的私人儀式乏味的開幕式？儘管他希望別人進入他靈魂的至聖所——他的祕密隱藏的地方——但即使是對於他所愛的人，這個希望也被嚴格地限制住了。

「你是恨我，不是愛我，」她悲傷地哭泣著，「你給我本國的人出謎語，卻沒有將意思告訴我……」

傾聽著她的話語，一時間似乎能發現，這個年輕新娘的抱怨提出了一點暗示，比一場簡單的家庭爭吵範圍更大，也更複雜——這也是個難解得多的謎團：猶太人的謎團。從古至今，世界上各個民族看待猶太人的時候，都曾伴隨著驚訝和懷疑——直到今天仍然還有——在他們看來，猶太人和其他民族交往的時候，總帶有神祕的氣氛，與眾不同，與世隔絕。但現在，讓我們暫時放下這深刻的反思，回頭來看這對年輕的男女和他們最初的口角。它持續了整整一星期，充滿了嘮叨、淚水和固執的拒絕。最後，丈夫失去了耐心，衝著妻子厲聲說道：「連我父母我都沒有告訴，豈可告訴你呢？」

講述者照顧了一下參孫，沒有記錄他妻子的反應。

「因此，人要離開父母與妻子連合，二人成爲一體。」⑩〈創世記〉裡這樣說。雖然婚姻的意義中，最特別的一點就是男人離開父母，選擇一個女人做他的親密夥伴，但對參孫來說，事情似乎沒有那麼清晰。在實際執行「離開父母」和「成爲『一體』」時，存在著某種含糊混亂的意思。「如果我沒把祕密告訴父母，」他說，事實上就是對他剛娶的妻子說，「那不用問，我當然不會告訴你了！」換句話說，在他婚宴的中間，參孫用嚴重的孩子氣和天眞的優越感宣布，他的父母在有關他的一切隱祕的事情上仍然享有優先權。

但最後，在她的嘮叨聲中，或許也是出於普通人（「像其他人一樣」）樂於向妻子誇耀的心理，參孫終於讓步，把答案告訴了她。經文沒有明說他告訴她什麼，更重要的是，也沒說他是怎樣告訴她的。當他描述和獅子的搏鬥時，他炫耀了嗎？還是很謙虛？他只是轉述乾巴巴的事實，還是在故事的高潮加入了一些有趣的細節？比如那個不同尋常的景象——蜂蜜在獅子的白骨中閃閃發光，成群結隊的蜜蜂在周圍嗡嗡叫喚……

如果他眞的把什麼都告訴她了——搏鬥中他怎麼樣了，之後當他站在屍體前又有什麼感受，還有蜂蜜的味道和蜜蜂的嗡嗡聲——他告訴她這些，是希望引起她的好奇，使她重新認識他嗎？他希望她理解他父母所不能理解的嗎？

之後發生了什麼？她看他的目光充滿了驚訝？還是疑惑？或是退縮？也許她突然意識到他遠遠超出了他的外表，從而激發起新奇和瘋狂？她是否感覺到，他說這些時也告訴她更多的東西：不僅是這條謎語的謎底，還包括解答他自己的謎團的線索？

如果這裡的問題堆積得太多，那是因爲，這畢竟是參孫命運中至關重要的時刻：就算對於謎語之後的東西，他給她的提示少而又少，這也是他第一次向別人展示他那奇妙的、隱祕的一面。即使是對他的父母，他都沒有說出這件事。

但這個同時被內部和外部壓力折磨著的女人並不能勝任祕密分享者的角色。她害怕同族人殺她，便把謎底告訴了他們。

讓我們懷著希望思考一下這樣的可能：這個我們連她名字都不知道的女人，事實上是值得參孫信賴的。如果她能夠看透參孫，看清他的眞正面貌，那下面將會發生什麼、參孫的生活又會怎樣呢？——若是她能測度出這個陌生人出生之前就降臨在他身上的東西——一種永遠都沒有歸屬感的狀態；若是她能認淸這個赤手空拳撕裂獅子、之後又被它屍體內充滿詩意的蜂蜜感動的人；還有，能接受這奇妙的可能性：他最大的願望就是有一個人能夠單純地、全心全意又自然而然地愛他，不是因爲他不可思議的特質，而恰恰是不在乎它。

儘管沒有明說參孫愛這個女人，但她對參孫來說顯然也十分重要：她「在他眼中看爲美」⑤¹。兩次都是如此。也就是說，他覺得她這個人有誠實的特徵。如果是這樣，她便像一個不會誹謗、不會使詐的人，而他一生都在與誹謗和奸詐打交道。她的「直率」使他得到了內心的平靜與安詳。從她看他的眼神，他感到眞正的自己被接納了。大概正因爲如此，亭拿的女子成爲了他第一個選擇。

但她背叛了他，而且是立刻地、直接地。事實上，他本可以預見到這一點。從一開始他就不該把她推進雙重忠誠的困境——是忠於他還是忠於她的民族。但他做了，簡直就是在故意「邀請」她的背叛，硬逼著她出賣他。因此，這引起了紛紛猜測：這就是他想要的。㊿²

「有什麼比蜜還甜呢？」非利士人答道，「有什麼比獅子還強呢？」回答的人不僅僅是「陪伴者」，而是「那城裡的人」。也就是說，他隱祕的謎語不但被解開了，還傳出了婚禮之外，傳遍了整個亭拿城，變得路人皆知了。參孫怒道：「你們若非用我的母牛犢耕地，就猜不出我謎語的意思來。」他咆哮著，火冒三丈地扔下一句充滿性暗示的控告。（即使在他發脾氣的時候，他的話也帶有詩意。）他顯然被激怒了，胸中充滿了普通人的怒氣。他向那些最終戰勝了他的陪伴者們發作，但令他更為惱火的是他妻子的不忠。他生平第一次對一個人如此親密，把她帶到原本只屬於他一個人的隱祕場所，外表力量下的一個甜蜜之處。但偏偏就在那裡，他被出賣了。

他剛告訴她自己的祕密，也許他還從中享受到難得的懺悔後的輕鬆，他們私密的空間就突然擠滿了完全陌生的人。可以想像。擊垮參孫的痛苦是多麼巨大。這痛苦刺穿了他的存在中莫可名狀的核心——就像在最初的親密時刻，母親和腹中胎兒的「相見」被一個陌生人侵入一般。

但這可怕的怒火也許還有另一個原因，推動了他之後的復仇行動和殘酷的殺戮。

讓我們嘗試設想一下他妻子和陪伴者之間的對話：聖經的經文說，她來了，「把謎語的意思告訴本國的人」㊼。但她有沒有告訴他們更多的東西呢？她是否把她剛剛發現的參孫更深的祕密也告訴他們了呢？很難說她自己已經全部掌握了參孫告訴她的啓示的重要性。非利士人回答參孫的話給人這樣一種印象：即使在聽了她的話之後，他們知道的也不多。他們不瞭解參孫，也不瞭解他的謎語中隱藏的關鍵。看來，他們從他妻子那裡只打聽到事情的概要，關於一頭死獅和蜂蜜。就憑他們瞭解的這點資訊，他們就向他挑戰，假裝比他們知道的多得多。

這只是一個推測。但如果確實如此，便有了這樣一種可能：非利士人異常簡短的回答，他們過於簡單的回應，比其他任何東西都更容易點燃參孫的怒火。

因爲，當參孫從他們口中聽到「有什麼比蜜還甜呢？有什麼比獅子還強呢？」這話時，很可能感覺到，他一向守口如瓶的祕密，表現他的獨一無二，他揀選的祕密，此刻被貶低了，被玷污了，成了一個笑話，就像一則念起來朗朗上口的童謠。這好比珍貴的財寶變作毫不值錢的廢物一樣。「那城裡的人」也個個都把它當成了茶餘飯後的話題，在親朋好友中流傳，即使他們其實並不知道它背後隱藏的東西。

里爾克在《給青年詩人的信》中寫道：「那些把這個神祕虛僞而錯誤地去生活的人們（這樣的人本來很多），只是自己失掉了它，而把它往下傳遞，像是密封的信件，並不知它的內容。」54

這深刻的話語為參孫那既有些諷刺又令人痛心的生活道路投射出亮光。參孫本人包含著一個祕密，一個神祕，但他每每「把這個神祕錯誤地去生活」（比如在我們不久就要看到的迦薩妓女的故事中）。他自己有時就像被判處把神祕往下傳遞，「像是密封的信件」。也就是說，他執行著揀選他的神聖計畫，卻並不完全瞭解這個計畫——這個神祕早在他還在母腹中時就被澆鑄在他體內了。

不管怎樣理解，有一件事是肯定的：當一個人的祕密被不學無術、微不足道的陌生人翻來覆去講述時，他必然會感到深深的恥辱。參孫聽到那些陪伴者們說出謎底、嘲笑著他的不悅的時候，一定也有這樣的感受。既然在說參孫，還可以補充一點：若是一位藝術家耗盡畢生精力做出的作品被擺在公共場所，人們毫無反應，根本就不理解，甚至嘲笑他，他的感受也是一樣的。

惱羞成怒的參孫下到了非利士城市亞實基倫，在那裡殺了三十個人。

這裡的疑問在於，參孫爲何沒有去以革倫這種離亭拿只有五公里的非利士城市，而偏偏去了四十公里外的亞實基倫。他爲什麼更願意在非利士土地上行走幾十公里呢？答案也許已經包含在問題裡了。難道參孫覺得必須要盡可能更深入非利士人存在的地方，以便讓他自己和這些外邦人、嘲笑他的人、仇恨他的人之間產生越來越多的摩擦嗎？

他殺了三十個無辜的人，他們只是在城裡的街頭不幸遇上了他。他剝下了他們的衣裳，帶給那三十個同伴。就像他們觸及了他的痛處一樣，他也對三十個外邦人如法炮製。他殺了他們，「活剝」了他們。這一惡劣行爲的本身證明，參孫某種意義上有一個傾向，要把祕密和陌生55的表面和本質全部搞亂。

在遭受失敗的婚姻和現實的打擊之後，參孫像一個孩子回到了父母家中。我們要記住：他已經離開父母，結婚了——現在他又回來，輕舔自己的傷口，從雙親那裡得到少許慰藉。但沒過多久，到了收麥子的時候，他又去了亭拿。他的臍帶再次拉長，他又一次嘗試離開父母，回到他的非利士妻子身邊。

參孫懷裡抱著一隻羊羔作爲友好的禮物，準備去見他妻子。但這已經不可能了。她父親已經把她給了另一個人，就是婚宴上陪伴他的人，也正是逼他妻子說出謎底的人之一。依照那時候的習俗，她父親把她的妹妹給了參孫。按他的說法，她妹妹「比她還美麗」。但參孫早已怒火中燒了：「這回我加害於非利士人不算有罪。」他說著這些話離開，準備報復他們了。

＊＊＊

「於是，參孫去捉了三百隻狐狸，將狐狸尾巴一對一對地捆上，將火把捆在兩條尾巴中間。點著火把，就放狐狸進入非利士人站著的禾稼，將堆集的禾捆和未割的禾稼，並橄欖園盡都燒了。」

參孫的行動是極其野蠻和殘酷的。但這次復仇是多麼盛大，構思是多麼精巧、多麼具有美感啊！

想想吧，一個人要費多大勁，才能捉到三百隻狐狸，把牠們一對對捆起來，在尾巴之間捆上火把、點燃它們，再把狐狸趕進田裡？

但這件事的計畫，這個主意和它的獨創性，比起所付出的體力來說毫不遜色。聖經裡無疑記述了很多非常暴力和殘忍的行爲。（若是爲那個時期以色列人和他們的敵人之間習以爲常的傷害和報復編出一個完整的目錄，將會非常有趣。有把屍體大卸八塊的，有用趕牛棍擊殺數百人的，還有割下大量包皮的。⑯）和這些相比，參孫的報復是最具原創性的，包含著美學的維度。（用現代藝術的術語來說，參孫的火狐陣構成了一種行爲藝術。）這不僅是在展示男性的體力，也是在表現他的風格——它將繼續被他大大小小的行爲，還有他的姿態和與這個世界的聯繫打上烙印。

但如果參孫身上眞有某種藝術家的特質，這不僅對他表達的內容、而且對其形式也是很重要的：這樣的壯舉不可能是一時興起的作爲，而是他深謀遠慮的結果。畢竟，參孫可以將火把捆在每一隻狐狸的尾巴上，分別點燃火把，把狐狸放進莊稼地——這可以給非利士人帶來加倍的損失！但這樣做顯然不能滿足參孫所要的刺激——他在每件事上都要與眾不同的「藝術」需求。

讓我們重新讀一讀他用狐狸和火焰的語言爲我們講述的故事。他把狐狸成對捆起來，把一束點燃的火把放在牠們中間。我們可以感覺到，在那一刻，狐狸發瘋似的向前狂奔，試圖擺脫綁在一起的另一隻狐狸——牠們覺得就是那另一隻在燒牠們。突然間，每隻狐狸都成了燃燒著的雙重組合，無法自救。每一隻都試圖向相反的方向逃跑，但同時又拉著另一隻——牠的對頭、牠的災星——和牠一起。

這顯然是從參孫好似隱藏著的「藝術簽名」一般的深層靈魂中爆發出來的——就是他用盡全身的力量，舉起來推向世界的靈魂：他的兩面性，他胸中的怒火，幾乎要把他撕碎的強烈欲望，他體內一直爭鬥不止的兩股力量：苦修禁欲的生活和驕奢淫逸的表現；剛健魁梧的外表和充滿美感的內心；殺人如麻的殘酷和充滿詩意的溫情；還有對只能作爲「上帝旨意」的工具這一點的認識，和他對表達個人自由意志的強烈渴望；最重要的是，他一方面決定把自己的祕密守口如瓶，另一方面又不顧一切地希望向一個親密的人展現這個祕密。

他需要多達三百隻狐狸來表達這一切，這還有什麼奇怪的呢？

狐狸成了移動的火把，闖進莊稼地，撒下火種，肆意踐踏，毀滅了田裡所有收割了的作物（提醒一下，這正是「割麥子的時候」）。狐狸自己也一同喪命。這似乎是參孫未來的預言，儘管他現在還無法解釋：「我情願與非利士人同死！」

非利士人認爲是亭拿的女子帶給了他們這場災難，便施加報復。他們去了那兒，燒死她和她父親。以火還火。參孫予以還擊，「就大大擊殺他們，連腿帶腰都砍斷了」。如此一來，這場一個人對抗一整個民族的奇特戰爭瞬息之間就變得更加問題重重。這個人還在母親腹中時就注定要「拯救以色列人」，但所謂的「拯救」從沒有脫離對非利士人的大加殺戮。

＊＊＊

在故事到了緊張激烈的時候，有必要回憶一下可能被忘卻了的東西：參孫是一位士師，一位領導他百姓二十年的民族領袖。毫無疑問，他是個奇怪的士師：他什麼時候曾經與自己本民族的百姓有過哪怕是一點接觸？他什麼時候處理過他們的事情，審判過他們的案件？無論如何，所有閱讀這個故事的人都知道，參孫的生活和事業都是在外部的，針對非利士人的。他愛上了非利士人，和他們把酒言歡；又施加報復，與他們兵戎相見。（因此，在讀者看來他更像一個「非利士的」形象，而不是猶太的……）

儘管如此，他的故事在聖經中占有一席之地，而且被描述得栩栩如生。如果在猶太傳統中有時帶著輕蔑來讀他——因爲他的爭強好勝、舉止不端和耽於肉色——他在猶太人的意識中仍然被刻畫成一位民族英雄、一個象徵。也許這是因爲，不管怎麼說，在參孫人格的深層結構中——他的寂寞和孤立，他要保護自己的祕密和獨立性的強烈欲望，還有他希圖與外邦人混合、同化的無限企盼——參孫眞正地表達和暗示了「猶太」的要素。

顯然，猶太人一直以來也都以他那些英雄主義的故事爲榮，渴望著他所代表的體力、勇氣和剛毅。一點不亞於此的是，他們同樣欣賞他衝破道德約束、毫無顧忌使用武力的能力。幾千年來的歷史都沒有把這種能力給予生活在底層的猶太人，直到以色列國的建立。

在希伯來語中，他幾乎一直以「英雄參孫」之名被提及。獨立戰爭時，以色列軍隊的一支精銳之師被命名爲「參孫之狐」⑰；到八〇年代末第一次巴勒斯坦起義⑱的時候，也建立了一支「參孫」部隊（也別忘了六〇年代一位名叫拉斐爾．哈樂佩恩的大力士拉比建立的一系列健美俱樂部，名字就叫「參孫協會」！）。

但是，偏偏就是以色列國的存在有時候會出現問題，而這問題也出現在參孫對他自己力量的態度上。就像參孫一樣，以色列強大的軍事力量有時似乎由資產變爲一種負擔。因爲數代人以來，當以色列仍然在乎所面對的危險時，「擁有強大力量」的現實就沒有眞正在以色列的意識中生根，沒有被自然地吸收。對待這個被認爲是奇蹟般獲得的力量，他們的態度不止一次被扭曲，也許上面說的便是原因所在。

這種扭曲有可能導致諸多問題。比方說：誇大所具備的力量的價值；使力量走向反面；過分地使用它；還可能導致這樣一種傾向——不管遇到什麼事都自動去使用武力，而不考慮其他方式——這些都是典型的「參孫模式」的行爲。

這裡還應該補充一下眾所周知的「以色列的感覺」：面對日夜伴隨著的威脅，國家安全顯得十分脆弱——這種感覺在參孫心中同樣存在。在特定的環境下，他似乎成了碎片，他的力量眨眼間就消失得無影無蹤。然而，這種失敗並不能反映一個人眞正的實力，而往往會喚醒他已經展示過的力量，使局勢更加複雜。所有這些好像都能證明這樣的狀態：對所具備的力量的所有權感到心虛，當然，還有存在中深層的不安全感。毫無疑問，這些都和以色列面臨的現實危險有關，而且也與作爲「世界的陌生人」不斷重複的慘痛經歷相聯繫——猶太人不願成爲一個「像其他民族一樣」的民族，以色列作爲一個國家的存在是有條件的，它的未來迷霧重重、如臨深淵——就是把以色列在「參孫方案」㊾中發展出的所有核武都用上，這感覺也無法根除。

＊＊＊

狠狠打擊了非利士人之後，參孫定居在以坦磐石的洞穴裡。這地方屬於猶大部落的地盤㊿，靠近以坦城。他一個人在那裡居住。在他對所有人都深深失望後，他似乎從塵世中隱退了。

不過現在，非利士人準備好報復了。他們上到猶大，布好陣勢準備作戰。被非利士人的陣容嚇破了膽的猶大人上去詢問他們，究竟爲什麼要攻擊猶大。非利士人解釋說：「我們上來是要捆綁參孫，他向我們怎樣行，我們也要向他怎樣行。」

三千猶大人立刻動身前往參孫居住的以坦磐石的洞穴。提醒一下，參孫並不是猶大支派的人，而他即將給他們帶來一場並不「屬於」他們的戰爭。「非利士人轄制我們，你不知道嗎？」他們滿懷憂愁地對他說，「你向我們行的是什麼事呢？」三千人站在他的周圍，恐懼不已。而參孫用簡單、固執的邏輯回答說：「他們向我怎樣行，我也要向他們怎樣行。」

三千人面面相覷，簡直可以聽見他們局促不安清嗓子的聲音。「我們下來是要捆綁你，」他們最終鼓起勇氣告訴他，「將你交在非利士人手中。」幾千年過去了，仍然可以感受到他們聲音中的懇求之意：別讓我們爲難，就這麼乖乖地去吧，好教我們做這骯髒勾當的時候保留一點面子……

在參孫的故事中，往往容易忽略這個情節，因爲它並不屬於花費了很多筆墨描寫的那些戲劇性的事件之一。但我們閱讀參孫故事的時候，對他在親密者、陌生人和敵人之間的頻繁轉換有濃厚的興趣。我們感覺到參孫是怎樣在面對父母（和他的族人，事實上還有整個人類）時他那陌生性的謎團一次又一次被宿命折磨。因此我們會在這段經文停留一會兒。

他們不知所措地站在他面前，被這個以洞爲家的人身上所顯示出的極端孤僻深深震撼。他的勇氣在以色列各支派中早已成爲一個傳奇；但同樣引起了恐慌和憤怒，因爲他接二連三地激怒了報復心很強的非利士人。而他帶給這些人的也不只是恐懼和憤怒：因爲他，只有他一個人，敢於去做他們所有人都不敢做的事。也許在他們心中，還有一個小小的獨立的角落沒有被非利士人的征服所奴役。他們可以猜想，將來有一天，在他們民族的編年史上，參孫——而不是他們——將會成爲反抗占領和奴役的象徵。

我們來是爲了抓你，他們喃喃地說，把你押解到非利士人那兒去……幾乎可以肯定的是，此時他們對參孫的敵視一點也不亞於他們對非利士人的仇恨。要不是他們怕他，他們一定會自己上前將他制服，完成非利士人的任務。這裡，令人驚奇的是參孫甚至都沒有和他們爭辯一句，只是要求他們：「你們要向我起誓，應承你們自己不害死我。」他們於是保證不會傷害他，只是要把他抓起來交給非利士人：「我們斷不殺你。」

參孫和猶大人之間的交流被描述得十分溫和，甚至有些慈悲。對話裡有些東西簡直就是在拽著讀者的袖子懇求他（她）注意發生的事情：猶大人小心翼翼地避免傷害參孫。即使他們生著他的氣，他們也仍然耐心地保持著禮貌的、甚至是崇敬的距離。已經對參孫的一生有了個大致瞭解的讀者知道，他很可能不只把這個距離看作尊敬的標誌，而且把它視作疏遠和逃避的信號。參孫對這種態度深有體會。像平常一樣，敬畏又一次把他推向孤獨和與世隔絕。

需要提醒的是，這些都是他自己的人民向他做的。他自己的子民——他是他們的士師，他們的領袖；而他們從沒有哪怕是象徵性地反抗非利士人的要求，更沒有爲他冒什麼生命危險。他們也沒有，比方說，安排他從這地方逃走，再用其他方法安撫非利士人。他們要交出他，甚至毫不隱瞞他們想從他遇到的危險中臨陣脫逃的急切願望。而他毫無疑問洞悉了這一切

——他們的動機、他們的迫切心情——但卻沒有半句怨言：「你們要向我起誓，應承你們自己不害死我。」——在這一決定性時刻，他除此之外沒有要求更多。因為他知道，他們殺不了他，他比他們所有人加起來還要強壯。但他顯然還懷有一種感人的、幾乎是悲哀的要求：他想聽他們——從他們自己的口中——說出這個令人寬慰的保護他的承諾，就是這句話：「我們斷不殺你。」好像只要說出了這幾個字，他們，他的弟兄們，就可以減輕他母親壓給他永遠背負的重擔——他還沒出生的時候，她就已經宣告了他的死亡。

他們用兩條新繩將他捆住。已經完整讀過參孫故事的讀者會想起，之後當大利拉問他如何才能捆綁克制他的時候，他嘲弄她說，「新繩」；而當她捆住他以後，他將臂上的繩掙斷，像掙斷一條線一樣。

但這時，他允許猶大人用同一種繩子捆綁他。他站在他們中間，可能像鶴立雞群。他任由他們綁起來，感到全身的肌肉都被背叛之繩束縛住了。之後又被他們交到那些外邦人之手。

參孫如此地被動，給人留下這樣的印象：他幾乎是在欣賞這一切，從中獲得了奇特、痛苦而又令人費解的快感。他好像在參加一場完全私人的儀式，那些猶大人只是一串木偶而已，而操縱這些木偶的是參孫最原始、最深層的需要——他需要一次又一次體驗被親密之人背叛的經歷，需要一而再、再而三地重演最初被出賣、被交到外邦人手中的事件。

接下來，在榨乾了和他族人的會面中明顯能夠滿足他的精神的「瓊漿玉液」後，他又一次開始了熟悉的暴力行動。這發生在猶大人把他帶離洞穴，交到在「利希」⑹這個地方排兵布陣的非利士人面前的時候。

即使沒有身臨其境，也可以想像出那裡的場面：三千猶大人像侏儒一般排成長隊，運送著用繩子緊緊捆縛的參孫，就像運一尊巨大的雕像。非利士人一看見他就歡呼雀躍，慶祝勝利。但當他們去抓參孫時，上帝的靈又一次降臨他。他的體內充滿了復仇的激情，他臂上的繩「像火燒的麻一樣」斷開。他伸出手來，很偶然地找到一塊新鮮的驢腮骨，便用它打死了一千個非利士人。

當他完成工作以後，惡棍又變成了詩人：「我用驢腮骨，」他朗誦道，「殺人成堆，用驢腮骨／殺了一千人。」㉜在這恐怖的殺戮中，我們也在心中找到了足夠的詩意，可以評論說，參孫使用的武器就已經把這種「招牌模式」的表達和他的創造力與原創性統統表現出來了——狐狸、驢腮骨、與獅子搏鬥時的赤手空拳，無一例外都是「器官」的材料，自然而原始。

他「說完這話」時，非常口渴（不是非常淸楚，這究竟是由於他竭盡全力擊殺了一千人還是創作了那首小詩的緣故）。他求告上帝說：「你旣藉僕人的手施行這麼大的拯救，豈可任我渴死，落在未受割禮的人手中呢？」這一哀告痛徹心肺，因爲參孫顯得如此軟弱和易受傷害：聽上去就像是一個男孩兒向父親的哭訴，又像一個人在「宏偉計畫」失敗後深深的沮喪——他永遠也無法完全理解那個計畫，只知道他不過是其中的一個工具，一個零件。

讓我們在他這最後的爆發中停留一下。他由一個超人、一個殺人如麻的兇手突然變得像個孩子一樣，這又一次令我們陷入沉思：這一切如此突然，又驚人地簡單；彷彿戰士的脊椎骨突然折斷，他徹底崩潰，絕望地哀求關心、同情他的父母再擁抱他一次。

參孫的求告令人驚訝，還因爲片刻之間，參孫竟然出乎意料地直接對上帝說話。這樣的講話無疑證明了一種特殊關係，帶有多種暗示，而聖經的作者到目前爲止都沒有涉及這些暗示。就算這一特殊關係無法改變參孫那眾所周知的命運，它也令人稍感欣慰，因爲它多少減輕了他在同胞和人類中的孤獨感。

但是，參孫的求告中可能也含有一場人情味十足的戲劇，跟他與上帝的關係有關。也許參孫認識到，口渴的痛苦是上帝對他表現出傲慢的懲罰：他在自己的勝利宣言中，提到是他自己，他和一塊驢腮骨——而沒有提上帝的幫助——擊殺了非利士人。現在，他跪倒在岩石上，雙手撐地，口渴難忍。參孫向他的上帝保證，他清楚地知道誰帶給他這場勝利：「你藉僕人的手施行這麼大的拯救。」他氣喘吁吁地說。上帝接受了他包含後悔和歉意的的「致謝」，劈開了「利希的窪處」，水就從中湧出了。

＊＊＊

這些事之後——「參孫到了迦薩，在那裡看見一個妓女，就與她親近。」眾所周知，男人找妓女有各種各樣的原因。但在我們推測參孫的動機之前，甚至在我們提醒自己他是個拿細耳人（在參孫的故事中很容易忘記這事，因爲他和其他拿細耳人一樣，並不被禁止親近女人）之前——也許我們還應該問問，他到底爲什麼要去迦薩呢？爲什麼去這個大多數居民都想把他置於死地的非利士城市呢？

聰明人能理解到參孫希望與非利士人混合的奇特衝動。肉體的交合與拳腳的交戰：事實上他與他們所有的交流都和身體有關——血與肉，角力與刺殺。也許可以推斷出參孫心中一個模糊的願望：和其他人的交往，特別是和外邦人的交往，會給他帶來一些他的根源中就缺乏的東西：他眞實的存在的感覺和它的自然邊界。

因爲，在參孫的世界中，從沒有一個人有一點點像他。從這種意義上說，參孫生存和活動在眞空中。這塑造了參孫的身分：不論用什麼標準，他都難以捉摸；他桀驁不馴，內心矛盾；而又充滿了傳奇色彩，不可思議。不難想像，他的靈魂被混亂統治著，這個靈魂始終都需要外部世界和其他人所給的「信號」來界定。一點也不奇怪的是，他這樣的人會一次又一次試圖接近完全陌生的存在，也就是說，那種一眼就能看出是在完全確定的、幾乎是一維空間裡的存在。當他和這個陌生的存在交往時，他可以感覺到

——除了他完成神聖任務的滿足感之外——它的邊界，就是和他之間的分隔。這樣，他才能感受到他自己的局限，進而能夠定義他本身。因此，他去的是迦薩，這個非利士城市。他要到外邦人、其他人、不同的人之中去，與他們相遇，跟他們糾纏不休，殺他們，愛他們，然後再次殺他們……

此外還有一種設想：參孫也許有一種內在需要，要把他的存在分割到完全不同的人群和城市中，因此他不斷從一個地方轉移到另一個地方。換句話說，他要把他自己盡可能地分散開來，以保護他的祕密——這是他生命的核心和焦點。所以，幾乎是出自求生的本能，參孫必須不停地移動，在任何一個地方——瑣拉、以實陶、亭拿、亞實基倫、猶大、希伯崙、梭烈谷——都只停留一會兒，然後突然離開，展示了一點點，但隱藏了更多。這樣就造成了一個事實：每個地方的人將只知道「參孫的一部分」，全部的一小塊，而這可能會令那些只瞥見他一眼的外邦人——更難理解他的整體形象，更不可能揭開參孫的謎。

（從參孫經常的、有力的、近乎瘋狂的移動中，我們眼前可能會閃現出他的母親。她渾身是勁，大步流星地穿過莊稼地，去向瑪挪亞報告她和天使的會面。「婦人急忙跑去」，經文上說。她的能量、動力和快速奔跑的快樂似乎都在她腹中的胎兒身上打上了烙印……）

如果說，參孫去非利士人的迦薩引起了我們的好奇，那麼他去找妓女的行爲似乎要容易解釋一點。參孫此時是孤身一人，沒有妻子。當我們回憶起他一被聖靈感動就立刻出去尋找愛情時，我們可以想見他在以坦磐石的洞穴中逗留之後是多麼孤獨和苦悶。當然，參孫去找妓女也有可能是因爲痛苦和失落：他先前的——也是第一個——女人，他的妻子，亭拿女子，被許配給了另一個人。若眞是如此，在充分尊重參孫那旺盛的性欲的基礎上，嫖妓也意味著他的希望——尋找眞愛的希望和把他的祕密，也是他靈魂的鑰匙託付給可信賴的人的可能——已經破滅了。

除此之外，和妓女的交往意味著把寶貴而私密的東西交給了一個完全陌生的人，交給了一個對性伴侶的本質毫無興趣的人。這是賣淫活動固有的特徵，也是其吸引力所在：激烈的碰撞——最隱祕的東西和最普遍的東西，最私人的東西和最公開的東西，精液和陌生人——之間的遭遇和碰撞。

從這個角度看，參孫做這個選擇原因是很淸楚的：當他和妓女睡覺時，他又一次把他的「神祕」展示給了一個完全陌生的人。他又一次在他的需要上玩起了遊戲：獻出自己，但沒有洩露自己；出了個謎語，但沒有給出答案。也就是說，他又一次置身於最親密的行爲——認知[63]的行爲

——之中，卻保持著神祕的不爲人知的一面。

而這似乎就是參孫一次又一次尋找的——難以捉摸的、不確定的交往。這種交往從來不能提供完全的滿足、安慰或眞正的親近；最重要的是，不能提供愛情。它也永遠不會爲他預備他最需要的東西——被完整地給予另一個人，在某種程度上被一個人接受，從而達到自我暴露——也許只有這樣，他與生俱來的疏遠感才有可能被治癒。

那麼他爲何要這樣做呢？爲什麼他從來沒有嘗試在另一個「合適的」靈魂的幫助下，救贖他自己呢？這個靈魂也許可以對他的深層需要眞正有所反應，並且醫治他心中恐怖的「陌生」經歷。

我們可以把這個問題再擴大一點，問問爲什麼，人們在最需要拯救的時候，卻又那麼頻繁地做傷害自己的事情呢？這不僅是個人的情況，也適用於社會和國家、民族：在令人壓抑的規律中，他們似乎經常在宿命地重複著他們歷史中最悲慘的選擇和決定。而在參孫的例子中，這種毀滅性的力量也仍然運作著。也許正因爲如此，他一方面想在外力對他的扭曲中極力活出眞我，另一方面卻一次又一次回避著他自己眞實而重要的需要——對眞愛和被認同的需要，對誠實和信任關係的渴望。

就這樣，參孫去了——不僅是去妓女那兒，而且是一個迦薩的妓女。也就是說，他去了一個雙重陌生的地方。並且，他能肯定這個女人將會立刻把他交給她的族人。無論如何，這次走訪必將導致他落入非利士人之手——他們很久以來都急於報復他對他們所做的一切了。

的確，當迦薩人得知參孫在妓女的房裡時，他們立刻聚集起來，埋伏在城門口等他。這裡是他出城的必經之路。他們整夜悄悄埋伏著，準備天一亮就把他抓起來殺掉。但參孫只和女人待到半夜，就起床去了城門口，嚇了那幫伏兵一跳。他好像猜到了非利士人的陰謀，因此提早離開了妓女，好嚇唬他們一下。如果眞是這樣，那更可以說明，他追求的不僅是這個妓女，還有恐懼、緊張和愚弄別人的經驗（甚至是「喜悅」），這些與跟她做愛的行爲連在一起——不僅是由於她可想而知的不忠，也有可能主要是因爲他和妓女溫存時，感到有陌生人在場。

事實上，這些陌生人此時還在很遙遠的地方；但他們明顯的意圖和陰謀的氣氛彌漫在那兩人翻雲覆雨的房間，使他們如同身臨其境。這樣，參孫不間斷地接觸到兩個極端的感覺：強烈的親密和敏銳的洞察力。他認識到他和那女人的祕密和隱私的邊界向所有人開放著，他們性的結合從一開始就被玷污了。他向自己確認了一下這個在很大程度上形塑了他的生活、決定了他的道路的認識，而這一認識還將繼續令他痛苦，直到他的死期，也就是親密——所有的親密，從定義上說被污染的那一刻。

「參孫睡到半夜，起來，將城門的門扇、門框、門閂，一齊拆下來，扛在肩上，扛到希伯崙前的山頂上。」

就像我們注意到的，儘管從沒說過參孫是個巨人，他在這裡像是個龐然大物。在古斯塔夫・多雷著名的插圖《參孫搬走迦薩的城門》⑭中，參孫看上去是在爬一座山（顯然是在靠近希伯崙的地方，迦薩附近根本沒有這樣的山⑮），天空看上去敞開著，他沐浴著來自天上的光芒。但參孫自己沒有看見這光，他幾乎要被巨大的城門的重量壓垮。門把他和光分開了。他的形象半神半人，忍受著痛苦和折磨。

這又是參孫的一次壯舉，就像他所有的行爲一樣，在聖經其他地方並沒有類似的記載。它給人留下了深刻的印象，也有深遠的含義：一個陌生人來到城市，離開的時候帶走了區分內和外的城門。他突進了城市的邊界，抄走了分別當地人和外人或敵人的障礙。這裡的象徵意義對參孫的內在知識來說顯然並不陌生，但這次是從一個新的角度：不僅可以把拆城門看作是參孫常見的、甚至自發的傷害和羞辱非利士人的舉動，也可以把它看成一次挑釁，甚至是獨一無二的抗議——對他自己的親密被玷污的抗議。

因此，從這個男人狠狠拆下城門、把它背到背上的情景中，讀者可以稍稍得到一點安慰：即使與非利士人戰鬥這個艱巨的使命是從上面強加給參孫的，即使他整個一生的命運都已經被事先決定了，這裡參孫卻成功地擦出了自由意志的火花，他又一次在執行任務的時候找到了表達他獨一無二的自我的方式。

＊＊＊

樹林中的小路向瑣拉山延伸，人們相信這座山就在聖經中瑣拉的位置。路邊可以看到黃色的指示牌，指向「參孫及瑪挪亞之墓」——一個引起極大好奇的地方。瑣拉山混雜著黑色、褐色和灰色的泥土，上面覆蓋著荆棘和少見的黃色斷茬。山頂是一小塊水泥地，上面有兩座墓穴。石頭墓碑並不顯眼，上面是一堆小小的藍色圓頂。一座墓上寫著：「已故的以色列公義的士師，英雄參孫。他像他天堂裡的那些祖先一樣作以色列的士師。」還刻著參孫的忌日：塔姆斯月⑯二十四日。另一座墓碑上用聖經卷軸使用的字體寫著：「已故的公義的瑪挪亞。他親眼見到了上帝的使者。」順便提一下，參孫的母親儘管比她的丈夫更接近天使，在這裡卻既沒有墓穴也沒有墓碑。

這些顯然不是眞正的參孫和他父親的墳墓。沒有人知道埋在那裡的是誰——如果眞有人埋葬在裡面的話。墓碑是二十世紀九〇年代後期突然出現的，來歷不明。但這個地方很快就被信徒認可。他們或獨自、或三兩成群來到這裡，在墓穴前點起小小的油燈，祈禱治癒疾病。新郎新娘爲他們的孩子祈禱，也有人祈求事業上的成功，或是不孕的女兒能夠生育。夜晚，還會遇見布萊茨拉夫的哈西德派⑥⑦猶太人來這裡哀哭聖殿被毀⑥⑧、祈禱救贖。

附近是一座大山洞的入口，榨橄欖的機器在石頭上留下印記。曾幾何時，一頭驢子在這裡拉著磨、無休無止地轉圈，從橄欖中榨出油來。磨今天還在，但已經碎了。留下痕跡的還有一台巨大的方形榨酒機。從形狀可以看出，它是這個地區主要的榨酒機之一。因為葡萄摘下以後必須儘快送到機器這兒來，所以可以想見，瑣拉山腳下的平地上曾經堆滿了葡萄。

在山頂上的墓穴旁，有人放了一個擺著聖經和祈禱書的小櫃子。一本小小的聖經中，公共汽車票被當作書籤，讓人一下子打開到已經讓人翻得皺巴巴、被汗水和淚水浸溼了的一頁：

「後來，參孫在梭烈谷喜愛一個婦人，名叫大利拉。」

＊＊＊

大利拉是誰？聖經沒有說，甚至都沒提她是否像參孫的其他女人一樣，是個非利士女子。另一方面，她是這個故事中唯一確定了名字的女人，也是參孫唯一明白無誤「愛上」的女人。但他是怎麼見到她的？他在她身上發現了什麼？沒有辦法知道。也不知道他是如何向她獻殷勤的；這一次他眞正愛上了她，和前幾次又有什麼不同。最重要的是——大利亞對參孫的感覺。經文的沉默暗示了什麼呢？

我們已經看到，聖經的作者在描述這方面的資訊時一向惜墨如金。他更感興趣的是行動，在這裡也是如此。這正如此前他從「後來婦人生了一個兒子，給他起名叫參孫。孩子長大，耶和華賜福與他」一下子直接跳到「在瑪哈尼．但，就是瑣拉和以實陶中間，耶和華的靈開始感動他」，略過了參孫的童年，隻字未提令我們很感興趣的細節：這個非凡的孩子接受的教育，他童年的歡樂（他像赫拉克勒斯一樣掐死過蛇嗎？像俄底修斯一樣與野豬搏鬥過嗎？⑹）和他的朋友——或者如同我們預料到的那樣，他完全是孤獨的。這些全都不知道。我們同樣也不清楚，他是否有弟弟妹妹——他們沒有任何特殊使命，也沒有神祕的負擔，只是普通父母生下的普通子女。

而在大利拉的故事中，在這場新的愛情的主角名字和接下來的情節發展之間，也沒有停頓下來介紹人物的細節，而直接是：「非利士人的首領上去見那婦人，對她說：『求你誆哄參孫，探探他因何有這麼大的力氣，我們用何法能勝他，捆綁克制他，我們就每人給你一千一百舍客勒銀子。』」

很多取材於參孫故事的作品——文學、繪畫、音樂、電影⑺——試圖把大利拉表現爲一個悲劇人物。她無意傷害參孫，而且在勾引他之後爲所發生的一切感到非常痛心。舉例來說，這種詮釋可以在范・戴克⑻的油畫《參孫被捕》中看到。在那幅畫裡，當非利士人衝進屋子，抓住參孫，把他從大利拉身邊帶走時，他悲哀地看了一眼大利拉。大利拉轉向他，臉上既有勝利的滿足感，卻也混雜著痛苦和憐憫。她的手向他的臉伸過去，做了個手勢，既像是揮手告別，又像是一個同情的手勢——她似乎希望再愛撫他一次，溫柔地把他送上受難的道路。

但經文本身並不支持如此寬容地理解大利拉的行為和性格。事實上，經文直接地拒絕了這種解釋。大利拉的整個表現都沒有暗示哪怕一點愛情，但參孫愛上的就是這個殘忍而背信棄義的女人。正如我們之前談到的，也許參孫愛上的偏偏就是他從大利拉身上感受到的背叛。⑫這使得讀者拓寬了對「愛情」的定義：很可能是大利拉的殘忍和她表現出的激情傷害了他——他從未在其他女人身上找到的激情——像鐐銬一樣把他束縛在大利拉身邊。這比他之前的束縛都更有力；因此，也第一次喚起了他的愛情。

但到了最後，「想被背叛的強迫性需要」這種解釋變得如此沉悶、壓抑和呆板，也否認了參孫的自由意志——我們發現這也是一種解釋，但暫且放在一旁，希望故事本身能引導我們找到它。

大利拉被非利士人優厚酬金的保證打動了。她纏住參孫，用兩面派的遊戲挑逗他。表面上，她要在參孫的順從下試探他力氣的祕密，還有綁住他使他無法逃脫的辦法。「人若用七條未乾的青繩子（也就是七條潮溼的繩子）捆綁我，我就軟弱像任何一個人一樣。」[73]參孫伸開四肢，躺在床上回答道——也許他還在懶散地撫摸著他長長的髮綹——全部七條——忍住笑容。

性愛取決於個人口味，而參孫似乎很喜歡被未乾的繩子綁起來。大利拉立刻把參孫的喜好報告給非利士人的首領，他們把必要的裝備送進他的屋裡，她便用這些潮溼的繩子綁住他的身體。記住，在同一時間，「有人埋伏在她的內室裡」⑺。這又是一個參孫的行動中常見的邊界模糊的例子——私密和公開、愛情和背叛——不加區分地混合在了一起。

大利拉用繩子捆住參孫的身體。當他被綁得扎扎實實後，她對他說（是驚慌失措的大叫還是小心翼翼的耳語？）：「參孫哪，非利士人拿你來了！」瞬息之間，參孫就掙斷繩子，如同掙斷被火燒著的麻線一般。

你騙了我，大利拉說，你對我說謊了。她出奇地冷靜，即使在她自己編織謊言的時候，居然還能反過來指責他說謊。也許她向埋伏的人掃了一眼，然後把目光定格在參孫身上：現在，老實告訴我，你怎樣才能被綁起來、克制住？

參孫——他還在伸開四肢躺著？愜意地舒展筋骨？——提出了一種新

的方法：「人若用沒有使過的新繩捆綁我，我就軟弱像任何一個人一樣。」⑮

我就生病，他說的是，拉達克⑯解釋爲，我就軟弱。

大利拉沒有浪費時間。她找來粗糙結實的新繩子，把他捆上，又一次說：「參孫哪，非利士人拿你來了！」埋伏的人蠢蠢欲動，但參孫輕易就又把這些繩子掙斷了，就像掙斷細線一樣。

你騙了我，大利拉又一次說，你對我說謊了。你怎樣才能被綁起來？參孫顯然意識到，她正固執地重複著她先前的話，向他示意她不願放棄。如果你將我頭上的七條髮綹與緯線同織，他說，那麼我就必定軟弱了。我們只能猜測他眼中的目光和說話的音色，但他說的話揭示出一些新的東西：現在他用另一種方式對她說話。「人若……綁我，」他之前說——說了兩次——用的是泛指，沒有明確誰會綁他，或者可能傷害他。但這裡他直接轉向了她，沒有歧義：「如果你，」他告訴她，如果你，大利拉，將我頭上的七條髮綹與緯線同織……

（在這個不是遊戲的遊戲中間，在即將發生的可怕故事之前，有件讓人分心的事。可能只有到現在才會注意到，直到故事快結束的時候，讀者才被告知參孫頭上有七根辮子。這個新鮮的小細節暗示，參孫很喜歡他的頭髮，細心照顧它們，還小心翼翼地把它們分開，一綹一綹編成辮子……而且留長髮的人都知道，自己一個人保養頭髮是多麼困難。這裡，當這些耀眼的髮辮即將被一個女人剪掉的時候，我們突然想起另一個女人：參孫的母親。他小時候，她可能幫他編紮髮辮、梳洗頭髮——甚至到他長大以後，在他穿梭於不同女人的間隙時也這麼做？）

參孫睡著了。也許他做愛後筋疲力盡，已經快要崩潰了。大利拉沒有休息。她把他的頭髮和緯線同織，還用橛子釘住，以便固定。接著又第三次對他說：「參孫哪，非利士人拿你來了！」參孫醒來，一下子就把橛子和緯線一齊都拔出來了。

於是，在開始時像是場愛情戲、卻漸漸變苦的過程中，他向大利拉和她的溼繩子、新繩子屈服了。這裡能注意到，參孫整個一生的故事就在被繩子和結無休無止地編織著：捆在一塊兒的狐狸，猶大人綁他的新繩子、潮溼的繩子，還有被釘在織布機上的辮子。一次又一次，我們看見參孫充滿熱情地捆綁和被捆綁，乃至被誘捕。從這亂七八糟的繩子——這糾纏不清的網中——我們可能要懷疑，一個人需要多少繩子，才能替換他那並非自然形成的臍帶呢？

大利拉叫喊了三次：「參孫哪，非利士人拿你來了！」但每一次，參孫都把對她詭計的懷疑擱在一旁，繼續在她顯而易見的陰謀裡與她合作。他反覆認識到，她是在利用他的回答，試圖傷害他，但他並沒有拒絕，也沒有指責她。⑦⑦

但顯然，他不僅被背信棄義的大利拉，同時也被屋裡那個一直與他們同在的埋伏者所吸引。那個陌生人一直躲在幕後，在某種意義上說，他需要深藏在參孫的靈魂中，使他出生時的景象變得完整。就是他在子宮裡便受到傷害的時刻：母親、孩子和陌生人。

於是，在大利拉不斷地催逼他之後──「他心裡煩悶要死。」

聖經其他地方從沒出現過這樣的語句。古代的拉比為參孫的痛苦找到一種原始的解釋，他們把這歸咎於大利拉的表現，說她「在即將達到高潮時從下面拔了出來」⑱。顯然這種粗暴的拒絕會使一個男人失去他的情欲。儘管如此，獨一的聖經文本要求多樣的解釋，也就是參孫對大利拉的行爲的另一個動機。

因爲我們也可以這樣看：大利拉從外面對參孫之門的敲打，她無情的審問：「你因何有這麼大的力氣，當用何法捆綁克制你？」——也就是說，你的祕密是什麼，你到底是誰，神祕之下的你是什麼樣的人，如果沒有它你又會怎麼樣——這些喚醒了參孫從沒有被其他女人喚起的感情。因此，儘管他懷疑她的動機，她卻是唯一一個問了有關他生命的重大問題的女人。她是唯一知道正確問題的人，所以直奔主題讓他把祕密的答案告訴她。而其他女人對此並沒有興趣，甚至有可能產生恐懼。故而，在她的行爲給他帶來的混亂、衝突的感覺和騷動中，可能也喚起了一點小小的希望：大利拉也許會從他身上取得某種「解答」，就是深埋在他心底的謎語的答案，就連他自己都還沒能全部理解的答案。

也許在他強健的肌肉之下，靈魂深處的某個地方，有個聲音告訴他，大利拉的堅持不懈將會拯救出他被埋葬的「自我」，而這從沒有被其他任何方法救贖過。他的「自我」十分渴望被發掘出來。它要表現自己，把所有隔開它和外部世界的東西全部挪開，把神祕和謎語的重負、還有那該死的疏遠都統統扔到一邊，最終「像每個人一樣」——也許，這樣才能夠令參孫被他自己所理解？

我們已經認識到，參孫周圍總是籠罩著不和諧的氣氛，就是他的被祝福過的神聖任務和他樸實的、物質的、「肉欲的」（並且時常天眞的）性格與個性之間存在的不相容和不一致。有時候，讀者很清楚，參孫根本不知道他自己，不理解他在他本人的生活故事中所扮演的角色。但也有可能——這也實在是一種令人煩惱的想法——上帝從一開始，就完全沒有興趣讓肩負使命的參孫知道他自己究竟是誰，他在整個故事中會承擔什麼任務，他在上帝手中又是有什麼用處的工具（我們突然發現，上帝製造他的「用處」正是參孫名字的隱藏含義⑲……）。

無論如何，參孫的不幸在這裡全部顯現出來：一個孤獨的人，永遠忍受著折磨，被上帝奴役著。上帝揀選他去完成一個不可能的任務——拯救以色列——他的性格和個性根本不足以完成它：他一次又一次糾纏在與以色列敵人的私人恩怨中，相反卻令他的子民陷入危險，使他們和差派他的上帝感到失望和挫敗。

於是，參孫身體全部的本質看上去不過是一套凹凸的肌肉，化為巨大的鐵門——就是保護脆弱的、容易受傷的人性內核的「城門」。或者，實際上是要阻止這個內核，阻止它對救贖和自我表現的急切渴望；防止它突然打開，最終變得「像每個人一樣」。

一個人怎樣才能被救贖呢？一個人要想把禁錮他的沉重的大門稍微打開一點，讓容易受傷的內核顯現出來，被給予，或許還有被接受，最正常、最合適的方式是什麼呢？

「（他）喜愛一個婦人。」

也許，參孫向上帝對他殘忍的利用所做的微弱、大膽、人性，同時也是徒勞的反抗，全都壓縮在這一個詞裡了。因爲眾所周知的是，上帝只是要參孫執行他的任務，打擊非利士人；卻並不需要他眞正地去愛一個非利士女子。因此，他只要一個妓女，或是一個「在他眼中看爲美」的女人就足夠了。

但是，如果與大利拉的關係確實喚起了參孫全新的感覺，而不僅是被設計來滿足他被背叛的強迫性衝動，或是經歷被各懷鬼胎的陌生人玷污的親密；那麼這裡，參孫生平第一次實現了他作爲一個人——而不是上帝手中的工具——獨立的意志：他行使了最高的自由——情感的自由，也就是去愛的自由。

如果從他的角度來說，這是眞正的愛情，那麼可以猜測（也許只是個美好的願望），參孫允許大利拉一次又一次欺騙他，是因爲他希望他是錯的。他希望當他下一次睜開眼睛時，會發現屋裡只有他和他的愛人，埋伏的人已經無影無蹤。參孫並不想看到那個埋伏者，感受他的無處不在。

但之後，當她第三次對他說「參孫哪，非利士人拿你來了！」的時候，他已經毫無疑問：這裡沒有愛情。他不再欺騙自己了。他深愛的女人，他唯一愛過的女人，並不會給他更多的東西。他在母腹中就強加於他的命運會一直跟隨他，即使在最私密的地方。最糟糕的是，他沒有辦法反抗這種命運；因此，看來他的生命中也不再會有另一次愛情了。

也許正因爲這些，而不是其他原因，「他心裡煩悶要死」。

參孫用簡單的話——也許他一生都在等著說出的話——把他的祕密告訴了大利拉。不僅是他的祕密，還有「他心中所藏的全部」⑧⓪，所有的東西。我們在兩節經文中三次見到了這個詞組。什麼是「他心中所藏的全部」？「向來人沒有用剃頭刀剃我的頭，因爲我自出母胎就歸上帝作拿細耳人；若剃了我的頭髮，我的力氣就離開我，我便軟弱像每個人一樣。」⑧①

當我們從他口中聽到這個祕密，發現這是「他心中所藏的全部」——他內心的內心——的時候，不禁想到，對參孫來說，重要的不僅是祕密的內容，而且是他擁有一個祕密的事實。因此，它並非只是作爲一個所謂的「軍事祕密」對參孫具有重要的意義；而是它只屬於他一個人，除此之外任何人（除了他母親）都不知道這個祕密。這是他最私人的財產，從沒有被陌生人或是他生命中過多的「公開」所玷污過。

這一次，大利拉立刻感覺到他沒有欺騙她。眞相的聲音還在迴蕩，她就招來非利士人的首領，通知他們她已經把祕密查得水落石出了。他們也能從她的聲音中判斷出這回是眞的。他們又一次上她家去，還給她帶去了事先承諾的酬金。

顯然，這同樣也是一個考驗大利拉自己的時刻：當非利士人的首領對她說「求你誆哄參孫，探探他因何有這麼大的力氣」的時候，她無疑聽出，這是對她的女性誘惑力的挑戰（實際上，是要「探探你有多大的力氣」）。但現在，參孫一次次成功地抵制了她的誘惑，令人不得不懷疑她的引誘技巧。有可能她自己——也許是第一次——也開始懷疑她的女性魅力。非利士人的首領肯定早就對她的拖延滿腹疑竇了，甚至就連屋裡一次又一次見證了她的失敗的埋伏者可能也急躁地瞪了她一眼。因此不難想像，參孫和大利拉之間的性遊戲使她也越來越專心、越來越緊張。失敗的次數不斷增加，她的關注程度也相應加深。

所以，如果說前兩次她對欺騙了她的參孫說話時非常克制——我們可以想像，當她說「你欺哄我，向我說謊言」時，一定咬緊牙關，強壓住怒火。而第三次失敗後，她終於發作，用女性的聲音咆哮道：「你既不與我同心，怎麼說你愛我呢？」她在他面前惱羞成怒，但同時，也許是不經意間，她的話抓住了他與人——不僅僅是與她——疏遠的陌生性的本質：「你不與我同心……」

在此之後，她也許「天天」都在參孫耳邊不斷重複這些話，也揭開了參孫的傷疤——他的陌生性的傷疤。這些話同時也在他內心與他所愛的人之間的虛空中產生了迴響。這大概就是最終令他「煩悶要死」的煩惱了。

實際情況可能便是這樣的。正因為如此——而不是別的原因——他把「心中所藏的」全都如實相告。她指責他心裡的疏遠和欺騙，他便把整個一顆心都交給了她，將這麼多年來深埋、壓抑在其中的一切和盤托出。在一剎那的衝動中，他把一切都給了她。他這種瘋狂式的付出連最貪婪的人也會消受不了，而他還愚蠢無知地相信，如果他和一個人交心，他便會像被打點滴一樣立刻獲得真正親密的感覺。

＊＊＊

非利士人的首領到達時，參孫正在睡覺。「她使參孫枕著她的膝睡覺，」
⑧聖經上說。我們注意到，大利拉剪掉他的頭髮前，參孫像個孩子。他似乎回到了他的起初狀態，像一個嬰兒一樣蜷縮在「母親」的膝蓋上。

參孫的眼睛閉上了，但在他的眼皮底下，可能閃現著一幕幕記憶中的景象：參孫在漫長、險峻和暴風雨般的行程中一步步艱難前進，走向一切開始的地方。在那兒，所有的東西都混合在了一起：母親、孩子、背叛。

我們先前提出的問題在這裡或許能得到一點解答——爲什麼參孫希望反覆地重現他曾經歷的最有破壞性的感覺呢？這感覺從一開始就毒害了他的生活。換句話說，人們爲什麼總是禁不住去重複破壞性的經驗、在他們的人生中重建混亂的關係和弄巧成拙的處境，喚起他們最糟糕的感覺呢？

在眾多原因中，這才是主要的——難道不是因爲，正是在恥辱、疏遠和誤解的中心，就像在生命和所有的一切開始的地方，一個人才最能感受到「他自己」這個「眞實的」自我嗎？他也許被愛和溫情擁抱在襁褓中，輕輕搖動身體，睡在膝蓋或胸膛上。但那裡也是他被標記——如果不是出於惡意——被傷害和被打上烙印的地方。在某種意義上，甚至連他自己私密的傳記都被對存在的陌生性的覺悟，還有成爲附庸和陌生人的痛苦感覺留下了印記。

那裡，就在那裡，參孫的母親說出了可怕的話語：「一直到死」。或許還有父母對於這孩子其他毀滅性的評論——有的只是即興的。在那裡他們封存了他一生的命運。正因爲如此，他似乎不得不回到那兒去，因爲那裡是他存在基礎的悲劇發生的地方。在那裡，他最能以一種奇特的方式感受到生命和存在的火焰般的激情——即使它一次又一次燃燒著他。對我們每一個人來說，那裡也悲慘地閃爍著自我認知的光芒：男人和女人最終還是要分開，隔離開來，變得對對方——也許對我們自己也——神祕、甚至「不可認知」，於是就永遠孤獨下去。

參孫精疲力竭地睡著了。說出自己的祕密後，他也許感到一種前所未有的輕鬆，也不用再繃緊全身的肌肉去保守它了。他的旅程已經結束，現在他可以像其他人一樣了。「我的力氣就離開我，」我們回憶起他之前如此向大利拉解釋，「我便軟弱像每個人一樣。」

「像每個人一樣，」他說。但在此之前，當大利拉捆綁他時，他兩次對她說，他將軟弱得「像任何一個人一樣」83，似乎仍然在無意中期望保持他的個性。但現在，他連這個也喪失了，告訴她他怎樣才能「像每個人一樣」。他自己也是第一次體會到這話的味道。

但這也許並不是跟其他人一樣的軟弱或者疾病，而正是參孫整個一生中，他的內心深處所要求的東西。正如莉亞・高德伯格(84)在〈參孫的愛情〉這首詩裡寫的：

「……也許他也不知道
正在試探他這個先知和拿細耳人，
所有謎語最簡單的答案
就是他胸中那顆易碎的心。」(85)

＊＊＊

大利拉叫來「一個人」——大概就是埋伏在屋裡的那個人——但是是她自己，而不是那個人，剃掉了熟睡的參孫頭上的七條髮綹。⑯她這麼做也許是爲了減少一點他被陌生人剃頭的羞恥感，但這樣或許偏偏更加令他蒙羞。這可能是她在用自己的方式道別，進而再次粗略地體驗一種單純的行爲和他們之間湧動的強烈感情。幾千年後，可以想像她做這件事時矛盾的行爲：一邊淫蕩地愛撫，一邊又有閹割的暗示，或許還有淺淺的微笑——女人的魅力沒有令她自己失望。

他的力氣已經離開了他，但他仍然酣酣沉睡，對此毫無覺察。她開始嘲弄他了。她第四次喊道：「參孫哪，非利士人拿你來了！」他驚醒過來，心裡說：「我要像前幾次出去活動身體。」他像之前一樣伸展自己的肌肉，便發現「耶和華已經離開他了」。

屋子裡的非利士人立刻剜掉了他的眼睛。這雙眼睛曾經如此充滿警覺、激情和渴望，從來不知疲倦。「參孫追求他眼中的欲望，」拉比們評論道，「因此非利士人剜出了它們。」⑻正如他拆下了迦薩的城門一樣，現在他們也拆下了他面孔和靈魂的大門。誰能想像得了參孫此時的經歷和感受？只能猜測，不僅是眼睛被剜去的肉體苦難令他痛徹心肺，也不僅是他愛人的背叛使他怒火中燒、悲戚萬分。參孫現在被另一種感覺折磨著，這種感覺自從他年輕時被上帝的靈感動那天起從來都沒有過：他無窮的神力消失了，他的身體沒有以前的反應了。現在連身體都成了陌生的，都背叛了他。

＊＊＊

參孫的眼睛被剜掉了，身上上了銅鍊，被非利士人帶到迦薩，投進監獄裡推磨。現在，當他無休無止地圍著磨石轉圈時，他可以好好審視自己的內心，也許開始看到一些他變瞎之前看不到的東西：他生命的整個景象，被操縱著的命運不讓他自由選擇，也拒絕了他抗議的權利，甚至不許他擁有片刻的寧靜。

參孫轉著圈子，推著磨石。他失去了特殊的祕密，失去了拿細耳人的光榮冠冕，也失去了超人的力量——那遠遠超過他的肌肉本身的力量。在他的一生日薄西山之際，他終於領悟到他力量的局限，或許也發現了他真正的本質。他終於從所謂的「耶和華的靈」強大而殘酷的暴風中解脫了出來。偶爾，他甚至可能陶醉於簡單的「自我」的感覺，做一個完完全全的眞實的人。而這種感覺，早在他尚未出生時就已被搶走了。

（當大利拉除去他那七綹從未剪過的長長髮辮的重量時，或許也令他感到輕鬆。長髮垂下他的臉頰，包圍著他的身體，無疑更加分隔了他和整個世界。）

他的日子就這樣過去了，他的頭髮又開始長出來了，他的力氣也開始恢復。根據故事講述者的說法，參孫只是埋頭推磨。但「磨」很可能完全有另一層意思：希伯來語中，「推磨」這個詞的詞根明顯也是「性」的委婉說法，在〈約伯記〉裡就已經出現了——「願我的妻子給別人推磨，別人也與她同室。」⑱——一直延用到今天以色列最普通的街頭俚語中。參孫怎樣度過他最後的時光，突然冒出的種種傳說的起源也許在這裡：《塔木德》

說：「每個人都把他的妻子帶到監獄見他，這樣她就可能從他生一個孩子。」⑱這種乍一看挺有趣的可能性很快便能理解爲另一種虐待和羞辱參孫的方式：他們把他變成了配種的公牛。到了最後，仍然殘酷而奇怪地延續著對他一生的詛咒，對陌生性的詛咒。

一天他們把他帶出監獄，押到狂歡的人群前。非利士人的首領聚集在一起，向他們的神獻大祭，慶賀大袞⑲把參孫交到了他們手中。參孫站在他們面前，他們驚訝地看著他。即使已經被打敗了，他看上去也是一個自然界的奇蹟。這令他們更加讚頌大袞，因爲大袞打敗了他。

他們大飽眼福之後，參孫被帶回了監獄，非利士人繼續慶祝。酒酣耳熱之際，他們又命令把參孫帶回來，「在我們面前戲耍戲耍」，於是將參孫從監裡提出來。「他就在眾人面前戲耍。」在此，也有人把這解釋爲「性愛秀」。因爲聖經希伯來語中，「戲耍」的詞根也不時被用來描述性行爲。91
無論如何，參孫必定被狂歡的非利士人奚落、嘲笑著，他的恥辱被他們盡
收眼底。

他聽見了非利士人的歡呼聲，但什麼也看不見。他是三千「觀看參孫
戲耍」的非利士男女中唯一的以色列人。只有一個男孩兒站在他身邊，牽
著他的手引路。不一會兒，他發現自己站在支撐大殿的兩根柱子之間。參
孫，這個徹底的戰士，立刻發現了一個機會。他讓那孩子把他的手放到柱
子上。「求你讓我摸著托房的柱子。」他說。他的措詞十分少見——「求你
讓我摸」——語氣十分溫柔，和他要做的事形成了鮮明的對比。男孩兒把
他的手放在柱子上。現在，參孫的手指最後一次接觸這個世界。它們即將
和眞實的、可以觸摸的感覺分開了，和它們以往觸摸過的——男人和女人，

獅子和狐狸，蜂蜜、繩子和岩石、驢腮骨、泉水、妓女、城門還有大利拉——徹底分開了。

「主耶和華啊，」參孫痛苦地呼喊道，「求你眷念我。上帝啊，求你賜我這一次的力量，使我在非利士人身上報那剜我雙眼的仇。」這是令人震驚的哀告。他知道上帝已經拋棄了他；也意識到，他是爲完成這個使命才被創造的，可他悲慘地失敗了。這時候，參孫用了上帝三個不同的名字向他哀求：「主」、「耶和華」和「上帝」。他似乎試圖從所有的大門進入上帝的內心，到達一個敞開的入口，使他能看見他個人的、最親密的神。這位神從母腹裡便揀選、控制了他，他的靈伴隨了參孫一生。參孫顯然不知道上帝會不會像他在以坦磐石快渴死那時一樣應答他。但他記憶猶新的是他對自己說這話的時刻：「我要像前幾次出去活動身體。」但卻大驚失色地發覺，大利拉已剃光了他的頭髮，消除了他的力氣，他的神已經離開他了。

混雜著不確定、絕望和希望，他用盡全身力氣抓緊柱子。左手一根，右手一根，抱緊了「托房的那兩根柱子」。他臨死前，心裡想些什麼呢？和兩根柱子的碰觸會不會喚起他對雙親——父親和母親——的回憶？或者是他從沒有真正的父母這個長久以來的痛苦？也許刺傷他的是這樣的認識：他總是站在兩者之間，期盼擁抱它們，兩個，但也只有兩個，沒有任何陌生的存在：這座大廟的柱子，綁著火把的兩隻狐狸，還有迦薩城的兩根城門柱。（甚至就連在利希殺死非利士人的時候，參孫也在詩中用了雙數：「我用驢腮骨殺人成堆。」㊾）

他自己走向死亡，在這房子裡，在家裡。㊿他從出生的那一刻——確切地說從母腹裡開始——實際上就被趕出了所有的家園。他整個的私人生活都被劫持了。他從來沒有一個自己的家，也從不眞正屬於他自己的人民，或是他的欲望把他推進的那群人中。他和很多女人睡過覺，卻連一個自己的孩子都沒有，他的臍帶也曾經從兩頭切斷——現在，他站在房中「托房的那兩根柱子⑭」之間。多麼諷刺啊，「托房子」在希伯來文中也有「合適的家」之意。

「主耶和華啊，」盲了的參孫呼喊道，「求你眷念我。上帝啊，求你賜我這一次的力量……」他用盡全身力氣抓住柱子。當它們開始裂開、挪動時，他知道上帝並沒有拋棄他。他推倒了房子，壓住了房裡面非利士人的首領和所有其他人。「參孫死時所殺的人，」經上寫道，「比活著所殺的還多。」今天，在這裡，當我們寫下他的故事時，不禁想到，從某種意義上說，參孫是第一個自殺攻擊者。儘管他的行爲的環境與我們今天在以色列街頭看到的現實有所不同，但是，這種行爲可能正是建立在人類意識中固有的直接殺戮和報復無辜者這一方式的基礎上，只是近些年來被「完善」了而已。[95]

只有在他死了之後，他才眞正被帶回了家。「參孫的弟兄和他父的全家，都下去取他的屍首，抬上來葬在瑣拉和以實陶中間，在他父瑪挪亞的墳墓裡。」無法知道這些是他眞正的同父同母的「弟弟」，還是只是他同一個部落其他的成員。但看起來，現在，也只有現在，他整個的大家庭都聚集在他的周圍。他們懷著遺憾和關心，下去把他抬上來，埋葬了他。最終，他在那裡找到了完美的平靜。

參孫走了。一瞬間，一切歸於平靜。此時，我們又想起古代的拉比把「感動他」（Lefa'amo）和「鈴」（pa'amon）聯繫起來：「感動他」指他得到了超人的力量，「鈴」的響聲則是表示「聖靈像鈴一樣在他面前不停地搖響」⑯。這鈴在從聖靈感動參孫那一刻開始搖響，現在卻似乎突然寂靜下來。參孫整個一生便像是一個巨大的鈴鐺，任天上的至高者隨意敲打、搖響。鈴聲奇怪地混雜著不同的音調，有時像音樂一樣悅耳，但更多的時候顯得刺耳和狂暴。一個不幸的鈴鐺，被無情的力量操縱著，它的聲音迴蕩在「但」支派到非利士人的城市之間。

但就在他死前那個銘刻在他的記憶中、銘刻在知覺、神話和藝術中的時刻，參孫抱緊了那兩根支柱，推倒了它們，也推倒了房子，推倒了非利士人，還推倒了他自己。在這最後的時刻——就像在他其他的驚人表現中一樣——所有的一切化爲一句淸楚而充滿激情的宣告：讓我的靈魂死去吧，就像它一直活著的那樣。它從來沒有眞正接近過另一個靈魂，始終是孤獨的。它遊蕩在陌生人之間，他們不停地傷害它、奚落它、背叛它。讓我的靈魂和非利士人同死吧。

二〇〇三年一月

注釋

①聖經中的「希伯來人」和「以色列人」大致指同一個民族，只是它在不同時期的稱謂。——譯注

②拿細耳是人向神許願，將自己分別出來的人，主張保守的生活。根據聖經的記載，對他們的禁令有不可以喝酒，不可以剃頭髮，不可以接觸死屍等。——譯注

③聖經顯然把參孫的故事當作「命運的戲劇」，而非「性格的戲劇」。儘管如此，故事主人公被塑造的性格特徵，尤其是內容中展現的時代賦予參孫的個性，不可能不吸引讀者的注意；而在「命運」與「性格」交會碰撞、相互作用的地方更是如此。此外，隨著故事情節的展開越來越清楚的是，也許恰恰是參孫的性格阻止了他實現原先安排好的命運。——原注

④哈拿的故事，見聖經的〈撒母耳記上〉第一章。——譯注

⑤澤夫（原名弗拉迪米爾）·雅博廷斯基（Ze'ev [Vladimir] Jabotinsky, 1880-1940）是一位猶太復國主義領導人，也是一位文學家。生於俄國，在猶太復國運動中有重要影響。但由於他與另一些復國運動的領導人存在理念分歧，加之過早去世，以色列建國後曾長期被忽略。他的小說《參孫》最先由俄國猶太復國主義雜誌《拉茲韋特》連載，一九二七年出版單行本；一九三〇年出版英譯本，名爲《拿細耳人參孫》。——譯注

⑥〈士師記〉13·7。和合本翻譯爲「這孩子從出胎一直到死，必歸上帝作拿細耳人。」——譯注

⑦沙卡洛夫（Andrei Dmitrievich Sakharov, 1921-1989），蘇聯核子物理學家，被譽爲氫彈之父。一九七五年，因「在人類和平事業中的個人的和無畏的努力」榮獲諾貝爾和平獎。——譯注

⑧〈士師記〉16·17，和合本翻譯爲「像別人一樣」。——譯注

⑨〈士師記〉13·11，原文的拉丁拼音爲「Vayakom vayelech Manoah aharei ishto」。

──譯注

⑩《塔木德》(Talmud)是中世紀的猶太法典，爲猶太人提供了宗教生活的準則與待人處世的道德規範，根據成書地點的區別分爲巴比倫塔木德和耶路撒冷塔木德。拉比是猶太教的神職人員，負責向人們教導、解釋律法。──譯注

⑪《巴比倫塔木德》，Berachot 61a──原注

⑫〈士師記〉13．11，和合本譯爲「與這婦人說話的就是你嗎？」──譯注

⑬希伯來文「女人」與「妻子」是同一個詞「isha」，英譯本這裡譯成「妻子」(wife)。──譯注

⑭希伯來大學教授雅億爾·紮考維奇(Yair Zakovitch)在他的作品《參孫的一生》中，指出瑪挪亞在這裡把他的妻子稱作「這女人」，表現出一種疏遠和充滿懷疑的感覺。夏娃誘使亞當偷食分別善惡樹的果子之後，亞當對夏娃有些疏遠，並對上帝說：「你所賜給我、與我同居的女人，她把那樹上的果子給我，我就吃了。」(〈創世記〉3．12) 參見紮考維奇：《參孫的一生》(希伯來文版，耶路撒冷，一九八二年)，四九

頁。關於這一點，讓我們注意猶太史學家約瑟福斯（Josephus Flavius）在他的不朽著作《猶太古史》（Jewish Antiquities）中所認定的：瑪挪亞「瘋狂地著迷於他的妻子，因此妒火中燒。」（第五卷，一七一頁）——原注

⑮〈士師記〉13．11。和合本接上文譯作「是我」。——譯注

⑯林布蘭（Rembrandt Harmenszoon van Rijn, 1606-1669），荷蘭著名畫家。——譯注

⑰希伯來語「KIBBUTZ」，猶太人移民到巴勒斯坦地區後建立的公有制集體農莊。——譯注

⑱希伯來語「palmach」，是「突擊連」一詞的縮寫。一九四一年在英國統治當局的默許下建立，準備在德軍占領巴勒斯坦後開展游擊戰爭，具有特種部隊的性質。第二次世界大戰後，帕爾馬赫一度轉入地下，官兵隱蔽在農村，一邊訓練，一邊參加勞動。一九四八年第一次中東戰爭中，帕爾馬赫部隊成爲以色列軍隊中最有戰鬥力的中堅力量。一九四九年軍隊整編時被解散。——譯注

⑲即第一次中東戰爭。根據聯合國大會一八一（二）號決議，一九四八年五月十四日以

色列國成立。翌日遭到五個阿拉伯國家的聯合進攻。戰爭共歷時十五個月，以色列扭轉了戰爭初期的不利局面，取得了勝利，但付出了六千人死亡的代價，占當時以色列國人口的百分之一。下文中提及「獨立戰爭」時都是指這次戰爭。——譯注

⑳紥考維奇（前揭書，七十頁）指出聖經文本並沒有提供參孫名字的來源，這在主要的聖經人物中是很少見的。他認爲聖經作者力圖避免把參孫和太陽聯繫起來，因爲這一聯繫有強烈的異教崇拜內涵。——原注

㉑在中英文聖經中爲84‧11。作者依據的是希伯來文馬索拉抄本，把標題算爲一節。——譯注

㉒《巴比倫塔木德》，Sotah 10a——原注

㉓《猶太古史》第五卷，第285頁——原注

㉔希伯來文中，「amah」原意爲「肘」，是長度單位，這裡是陽具的委婉說法。——譯注

㉕《巴比倫塔木德》，Sotah 10a——原注

㉖〈士師記〉13・25。「瑪哈尼・但」意爲「但的軍營」。本節後半句和合本譯爲「耶和華的靈才感動他。」——譯注

㉗希伯來文中，「鈴」(pa'amon) 和上文中聖經使用的「感動他」(Lefa'amo) 源於同一詞根。——譯注

㉘《耶路撒冷塔木德》，Sotah 7b——原注

㉙《佐哈爾》(Zohar)，也稱「光明之書」，是猶太教神祕主義潮流的代表作。在中世紀一度相當流行。——譯注

㉚《佐哈爾》，I・194a——原注

㉛希伯來文中「這一次」(pa'am) 與「感動他」(Lefa'amo) 拼法接近。本句中的「鈴」也跟上文的解釋一樣，有雙關含義。——譯注

㉜〈士師記〉14・1。「亭拿」的希伯來文拼法在聖經的不同經卷中有所區別。——譯注

㉝在猶太經典中，對拿細耳人存在不同看法。有人把拿細耳人的狀態看作一種偉大的

精神提升，認爲不是每個人都能達到的。因此，先知阿摩司說：「我從你們子弟中興起先知，又從你們少年人中興起拿細耳人。」（阿摩司書2・11）此外還有《塔木德》中的拉比埃利澤（Eleazer）。但也有人認爲苦行和自我封閉是罪過，比如拉比以利亞撒・哈卡帕（Eleazar HaKappar）和撒母耳（見《耶路撒冷塔木德》）。——原注

㉞《十日談》（Decameron）是十四世紀的短篇小說集，薄伽丘的代表作。書中反映了義大利文藝復興時期的市民生活，抨擊了禁欲主義。——譯注

㉟《坎特伯雷故事集》（Canterbury Tales）是十四世紀的故事集，爲英國詩人喬叟的代表作。書中生動地描繪了十四世紀英國的社會生活，強烈反對禁欲主義。——譯注

㊱〈士師記〉14・2，和合本翻譯爲「願你們給我娶來爲妻」。——譯注

㊲〈士師記〉14・3，和合本翻譯爲「他父母說」。——譯注

㊳〈撒母耳記上〉13・19——原注

㊴在這段上下文中，我們想起考古學家伊加爾・亞丁（Yigael Yadin）曾經撰文提出這

樣一種可能性：「但」支派和海洋民族「達奈」(Danai) 有密切的關係，以至於我們甚至可以懷疑它是否眞是以色列支派中的一員。——原注

㊵〈創世記〉49．16～18——原注

㊶〈士師記〉14．3，和合本譯爲「因我喜悅她」，原文直譯爲「適合我的女子」。——譯注

㊷〈列王紀上〉10．27——原注

㊸希伯來文「Beit Shemesh」，以色列中部新興城市。——譯注

㊹十九世紀的學者馬畢姆 (Malbim) 拉比在他的〈士師記〉注釋中寫道：「這顯然是葡萄豐收的季節。當他們到達葡萄園時，參孫改變了路線，以便遵守古老的規定：『我們對拿細耳人說，繞道吧，不要接近葡萄園。』」——原注

㊺〈士師記〉14．7，和合本翻譯爲「就喜悅她」。——譯注

㊻眾所周知，蜜蜂的嗅覺非常發達，因此不太可能在腐臭的屍體裡築巢，而只會在惡臭散盡、只剩一副骨架時進入。這一事實支持了上述推測，即參孫與獅子搏鬥後過

了一年才又回到亭拿。見哈伊姆·什姆埃里（Haim Shmueli）的《參孫之謎》（希伯來文版，特拉維夫，一九六四），五八頁。——原注

㊼〈士師記〉14·9，和合本譯文省略了「他們」二字。——譯注

㊽希伯來文中，「陪伴者」（複數爲 mere'im）的發音與「邪惡（者）」（複數爲 ra'im）相近。——譯注

㊾林達·格蘭特（Linda Grant），英國猶太作家，他在〈猶太人的行爲很糟糕〉（Jews Behaving Badly）一文中，把參孫和布拉格的勾勒姆（Golem）聯繫起來。根據猶太傳說，勾勒姆是布拉格的拉比馬哈拉爾（Maharal）創造的，目的是爲了與仇恨猶太人的人戰鬥。每當馬哈拉爾把一張寫有「不能說出的」上帝之名的紙條塞入勾勒姆之口時，它就會被啓動，執行拉比的指示。讀者閱讀這篇文章時，可以把「寫有上帝名字的紙」看作是感動參孫的「耶和華的靈」的具體表達。——原注

㊿〈創世記〉2·24——原注

(51)原文中，「美」的用詞是「Yesharah」。這個詞的本義是「直接」、「直率」或「誠實」。

——譯注

(52)以色列精神病學家伊蘭・庫茨（Ilan Kutz）在他的論文〈參孫情結〉（Samson's Complex: The Compulsion to Re-enact Betrayal and Rage）中，提出並深入探討了參孫想被女人背叛的強迫性需要。他在文中分析了「行爲干擾」，並把它用於聖經中的參孫身上。庫茨認爲，這種干擾的本質是「一種強迫性衝動，試圖再次展現被女人背叛的經歷和之後對其他人狂怒的毀滅性行動以及最終對他們自身的傷害」。庫茨強調，參孫母親的行爲存在問題，這是參孫心理狀態失調的根源：「不管那個無名的陌生人是否被當作上帝的使者接受，可以推斷，參孫出生時周圍充滿了謠言。也許……參孫的童年被一種深深的羞恥感所包圍，而這與他母親大有問題的表現和他父親不那麼確定的身分（生理上和感情上）密切相關。」——原注

(53)〈士師記〉14・17，和合本譯文根據上下文，省略了「把謎語的意思」。——譯注

(54)里爾克（Rainer Maria Rilke, 1879-1926），奧地利著名詩人。《給青年詩人的信》，里爾克／著，馮至／譯，聯經出版，二〇〇四年。本書包括里爾克在二十世紀初寫給

青年詩人卡卜斯（Franz Xaver Kappus）的十封信件，就青年們關心的愛情、性、職業等一系列問題，談了他的看法和對青年人的建議。——譯注

55 希伯來文中，「陌生」和「外邦（人）」是同一個詞「Zar」。——譯注

56 利未人用刀把妾的屍體切成十二塊的故事出自〈士師記〉十九章。珊迦用趕牛棍擊殺六百非利士人的故事出自〈士師記〉3・31。大衛奉掃羅之命割兩百非利士人包皮作聘禮的故事出自〈撒母耳記上〉十八章。——譯注

57「參孫之狐」是第一次中東戰爭中以色列吉瓦提步兵旅偵察連的稱號。該旅在戰爭期間主要負責特拉維夫以南地區的防務，和埃及軍隊交戰。其偵察連常對埃及軍隊發動突襲，屬於那次戰爭中比較有傳奇色彩的部隊。——譯注

58 即第一次「Intifada」（阿拉伯語「起義」）。一九八七年十二月，因為一輛猶太人的卡車闖入迦薩地區的難民營，壓死四名巴勒斯坦人。迦薩的巴勒斯坦人怒不可遏，開始全面暴動，展開與以色列當局持續六年的對抗。——譯注

59「參孫方案」是一九七三年第四次中東戰爭初期以色列危在旦夕時，其領導人準備對

阿拉伯國家實施的核打擊計畫，取參孫與非利士人同歸於盡之含義。後因以軍扭轉戰局，該計畫未曾實施。——譯注

(60) 參見〈歷代志下〉11・6——原注

(61)「利希」(Lehi) 在希伯來語中有「腮」的意思。——譯注

(62) 希伯來語中，「驢」和「堆」是同一個詞 (hamor)。該節前半部分省略動詞，直譯爲「用驢腮骨（殺了）一堆人，（殺了）兩堆人」，「hamor」連續出現三次：bi'lehi hahamor hamor hamoratayim。——譯注

(63) 希伯來文中，「知道」和「性交」、「同房」是同一個詞「yada」。下文中也有類似情況。——譯注

(64) 古斯塔夫・多雷 (Gustave Dore, 1832-1883) 是十九世紀法國最著名的版畫家，爲聖經描繪了數百幅插圖。《參孫搬走迦薩的城門》(Samson Carrying Away the Gates of Gaza) 是其中一幅。——譯注

(65) 儘管今天在迦薩城內，有座小山被叫做「參孫之墓」。——原注

(66) 塔姆斯月（Tammuz）是猶太曆的月份，相當於西曆六、七月間。——譯注

(67) 哈西德派是十八世紀在東歐出現的猶太教虔修流派，後發展成近代猶太教歷史上最大規模的運動。其創始人爲以色列·本—以利撒（Israel ben Eliezer, 1700-1760，亦稱「美名大師」）。該派強調感情的表達，貶低枯燥無味的經典研讀，主張祈禱時應當全心全意甚至入迷。布萊茨拉夫（Breslav 或 Breslov）的哈西德派則是其中追隨布萊茨拉夫的拿赫曼拉比（Rabbi Nachman of Breslov, 1772-1810，「美名大師」的曾孫）的一批人。——譯注

(68) 猶太歷史上先後有兩座聖殿被毀。西元前十世紀所羅門王在耶路撒冷建立第一聖殿，西元前五八六年毀於新巴比倫國王尼布甲尼撒之手；西元前五一六年在原先的地點重建第二聖殿，西元七〇年被羅馬人毀滅。——譯注

(69) 赫拉克勒斯殺死九頭蛇許德拉和俄底修斯刺死野豬的故事，見希臘神話。——譯注

(70) 有關世界上的文藝作品對參孫的表現的全面概述，參見大衛·費舍羅夫：《參孫的辮子》（希伯來文版，耶路撒冷，二〇〇〇年）。——原注

⑪范・戴克（Anthony van Dyck, 1599-1641），荷蘭著名畫家。——譯注

⑫參見注釋㊾，伊蘭・庫茨的〈參孫情結〉。——原注

⑬〈士師記〉16・7，和合本翻譯爲「像別人一樣」。——譯注

⑭〈士師記〉16・9，和合本翻譯爲「有人預先埋伏在婦人的內室裡」。——譯注

⑮〈士師記〉16・11。原文中「軟弱」一詞用的是「生病」（Haliti）。後半句和合本翻譯爲「像別人一樣。」——譯注

⑯拉達克是大衛・金姆希拉比（Rabbi David Kimchi, 1160-1235）的簡稱。他是中世紀著名的法國猶太學者，曾爲希伯來聖經全部的書卷作注。——譯注

⑰伊蘭・庫茨著重於分析參孫的求死欲望，他把這一場面解釋爲一份沒有明說的自殺協議：「參孫和大利拉都參與了這場死亡之舞。如果大利拉故意引導參孫走向被背叛的致命深淵，那麼參孫便在他的自殺舞蹈裡不自覺地利用大利拉。甚至可以猜測，參孫在賦予他的女搭檔背叛愛情的執行者這一角色之前，小心翼翼地反覆檢查。大利拉前三次的背叛即是他在試驗她能否勝任眞正的行動。」（庫茨，〈參孫情

結〉，一三〇頁）——原注

78《巴比倫塔木德》，Sotah 9b——原注

79 希伯來文中，「用處」（shimush）和「參孫」（Shimshon）發音相近。——譯注

80〈士師記〉16・17，和合本翻譯爲「心中所藏的都……」——譯注

81〈士師記〉16・17，和合本翻譯爲「像別人一樣」。——譯注

82〈士師記〉16・19，和合本翻譯爲「大利拉使參孫枕著她的膝睡覺」。——譯注

83 聖經原文在這幾處的用詞有微妙的差別，但和合本統一翻譯爲「像別人一樣」。——譯注

84 莉亞・高德伯格（Lea Goldberg, 1911-1970），以色列著名現代詩人。——譯注

85〈參孫的愛情〉，見莉亞・高德伯格的詩集《清晨的閃電》（希伯來文版，以色列莫哈威亞，一九五七年）。——原注

86 此節經文中，「剃」一詞使用的是陰性形式。大多數英文譯本和中文譯本都理解爲大利拉找來一個人，讓他剃去參孫的頭髮。英文JPS譯本的譯者和一部分學者則堅持

是大利拉本人剃去了參孫的頭髮（這也是作者的意見）。甚至有人指出大利拉在這裡呼喚的就是參孫本人，並沒有外人在場。——譯注

(87)《巴比倫塔木德》，Sotah 9b——原注

(88)〈約伯記〉31．10——原注

(89)《巴比倫塔木德》，Sotah 10a——原注

(90)大袞是非利士人的主神。非利士人曾爲他修建廟宇加以敬拜，並殺人獻祭。——譯注

(91)例如，當波提乏的妻子指責約瑟時，「就叫了家裡的人來，對他們說：『你們看！他帶了一個希伯來人進入我們家裡，要戲弄我們。他到我這裡來，要與我同寢，我就大聲喊叫。』」（原文中「戲弄」與參孫故事中的「戲耍」是同一個詞）（〈創世記〉39．14）——原注

(92)〈士師記〉15．16。該句直譯爲「我用驢腮骨，（殺了）一堆人，（殺了）兩堆人」，參見注釋(62)。——譯注

⑬希伯來文中，「房子」和「家」是一個詞「bayit」。——譯注

⑭希伯來文中，「托」和「正確」、「合適」是一個詞「nachon」。——譯注

⑮薩阿迪亞·加昂拉比（Rabbi Saadiah Gaon, 882-942，巴比倫猶太社區的精神領袖、哲學家和聖經學者）在他的《信仰與看法》一書中評論了復仇的欲望對復仇者和受害者的靈魂產生的破壞性效果。他把參孫最後的行動看作一個特別極端和破壞性的復仇的例子。在其他拉比著作中，我們一般看不到對參孫最後這次復仇的指責，儘管有時會批評他過於好鬥的表現。——原注

⑯《巴比倫塔木德》，Sotah 9b——原注

譯後記

兒時每次閱讀聖經故事連環畫，參孫這位「另類英雄」的故事都令我激動不已；四年前拿到《獅子蜜》書稿之時，又深深折服於作者對這個故事所作的重新解讀。當今以色列文壇久負盛名的作家大衛・格羅斯曼以獨特而高超的文學技巧，加入大量對人物心理的合理推測，勾勒出完整而栩栩如生的參孫、大利拉等人物的形象，把讀者帶入了那些靈魂的最深處。

也許正因如此，本書的希伯來文比較艱深，對譯者無疑是個挑戰。好在每當提出疑問，作者總能迅速熱情地給予答覆。另一方面，小說還涉及到不少背景知識，這對熟悉猶太典故的以色列讀者，或是瞭解《聖經》故事的大部分西方讀者來說，也許不成問題；但爲照顧文化處境有別的華人讀者，則須適當增加譯注以幫助理解。至於書後所列的參考書目，因爲比較專業，暫且略去。

除此之外，書中還有兩個多次出現的詞語可能引起華人讀者的疑惑。一是參孫的敵人非利士人（Philistines），及其與今天所說「巴勒斯坦」（Palestine）的聯繫。一般認爲，非利士人是一支來自於歐洲的海上民族，大約與古代以色列人同時進入地中海東岸的迦南地區，並在迦薩走廊（Gaza Strip）一帶定居。在與以色列人進行了漫長的爭戰之後，勢力漸微，爲外族征服並同化，最終消失。西元一三五年，也就是參孫時代一千多年之後，羅馬帝國鎮壓了猶太人的起義，驅逐倖存的猶太人，並把猶太省更名爲敍利亞－巴勒斯坦（Syria Palaestina，意爲「非利士人的土地」），以割斷猶太人與故土的歷史聯繫。儘管這個歐洲中心主義的名稱從那時起一直沿用至今，某些巴勒斯坦領導人也曾以「非利士人」自居；但今天的巴勒斯坦人主要是當地或遷入的阿拉伯人，和非利士人並無血緣或宗教關係；尚未建立的巴勒斯坦國也不會被塗抹任何非利士色彩。

另一個詞語是猶大。猶大是以色列先祖雅各的第四個兒子，他的子孫構成猶大支派，和參孫所屬的「但」支派同列以色列十二支派中，歷經浩劫後存留下來，其後代漸漸被稱爲猶太人。同時，猶大也是一個常見的猶太名字，比如《新約》中加略城的猶大（Judas Iscariot）出賣了同爲猶太人的耶穌基督。但若把這作爲反猶的依據，就是一種誤解了。

二〇〇六年夏天我第二次赴以色列，在各地書店都見到《獅子蜜》一書被擺放在暢銷書架的顯眼位置，我通過作者的經紀人表達了想拜訪他的願望。其時以色列與黎巴嫩眞主黨武裝激戰正酣，作者一面牽掛軍中幼子的安危，一面投身各種公益活動，撫慰戰爭中流離失所的難民。儘管如此，他仍主動抽空給我打了幾次電話，並在戰爭即將結束之際，約定由他前往我們考古隊所在的耶路撒冷南郊一處遺址與我會面。但約會當天又接到作者的電話，他哽咽著告訴我：兒子烏利（Uri）剛剛在前線陣亡了。

於是，我和作者的初次見面竟是在我去他家弔唁之時。客廳的茶几上擺放著烏利生前的照片和文字，還有作家多年前寫給兒子的書《烏利的語言》與葬禮上的悼詞。格羅斯曼夫婦強忍著喪子的悲痛，用儘量平緩的語氣招呼著自發前來安慰他們的熟悉和不熟悉的人們，在他們面前回憶烏利的種種往事，我也得以瞭解這個素昧平生的同齡人。烏利是在停火協議即將生效的前夕戰死的。與他們民族世代傳頌的參孫和其他「大能的勇士」

不同，他只是個文質彬彬、稚氣未脫、體態瘦削的青年；他的父母也絕不像瑪挪亞夫婦那般仰視、疏遠自己的兒子，而是給了他無微不至的關懷照顧。然而，作爲以色列的男人，他卻又要和傳說中那些天生神力的戰士們一樣，爲本民族的生存與尊嚴奮力拚殺，戰鬥到生命的最後一刻。神話裡，儘管參孫更感興趣的是女人，可他生而不得不到處爭戰，因爲他的命運早已被上帝決定——即使他的性格試圖反抗，也無濟於事；現實中，儘管烏利是個和平主義者，憎惡一切暴力行爲，但他也不得不穿上軍裝拿起武器直至血灑沙場，只因爲他生在這片多災多難的土地上，承擔著猶太人必須承擔的重負。三千多年前的傳奇英雄參孫和三千多年後的青年烈士烏利都被本民族百姓紀念和敬佩，但弔詭的是，他們用鮮血和生命創造的豐功偉績未必是他們本人的自由意志所追求的終極目標。參孫和烏利似乎是古往今來猶太人悲劇命運的縮影，而類似的悲劇，我們又何嘗未曾遇到過？

在本書中文版即將付梓之際，首先應當感謝中國、美國、以色列的諸位現代希伯來文和聖經希伯來文老師對我的教誨。他們使我瞭解到這門奇妙的語言獨有的優美與雋永。我的博士導師——香港中文大學的李熾昌教授帶領我走進了希伯來聖經研究的學術之門，李先生淵博的學識、敏銳的思想和深刻的洞察令我對這部經典的領悟達到了新的境界。在中文譯稿被束之高閣一年以後，我的女友熊豔豔成爲它的第一位讀者，她的支持給了我極大的信心，也使我相信本書對廣大華人讀者同樣會有足夠的吸引力。大塊文化出版公司排除種種困難，終於使中文版得以面世，在此也向他們辛勤的編輯與出版工作表示由衷的感謝！

本人才疏學淺，譯文及譯注若有錯漏之處，還望方家不吝賜教。

孟振華

二〇〇七年七月二十三日凌晨於香港

國家圖書館出版品預行編目資料

獅子蜜：參孫的神話或迷思／大衛.格羅斯曼
(David Grossman)著；孟振華譯.-- 初版.--
臺北市：大塊文化，2007.10
面；公分.-- (MYTH ; 5)
譯自：דבש אריות (Lion's honey : the myth of Samson)
ISBN 978-986-213-005-6(平裝)

1. 士師記　2. 神話

241.23　　　96015714

10550 台北市南京東路四段25號11樓

廣 告 回 信
台灣北區郵政管理局登記證
北台字第10227號

大塊文化出版股份有限公司　收

地址：□□□□□ ＿＿＿＿＿市／縣＿＿＿＿＿鄉／鎮／市／區

＿＿＿＿＿＿＿路／街＿＿＿段＿＿＿巷＿＿＿弄＿＿＿號＿＿＿樓

大塊 LOCUS 文化

編號：MH005　書名：獅子蜜

大塊文化 LOCUS 讀者服務卡

謝謝您購買本書！

如果您願意收到大塊最新書訊及特惠電子報：

- 請直接上大塊網站 **locus**publishing.com 加入會員，免去郵寄的麻煩！
- 如果您不方便上網，請填寫下表，亦可不定期收到大塊書訊及特價優惠！請郵寄或傳眞 +886-2-2545-3927。
- 如果您已是大塊會員，除了變更會員資料外，即不需回函。
- 讀者服務專線：0800-322220；email: locus@locuspublishing.com

姓名：＿＿＿＿＿＿＿＿＿＿＿＿ **性別**：□男 □女

出生日期：＿＿＿年＿＿＿月＿＿＿日 **聯絡電話**：＿＿＿＿＿＿＿＿

E-mail：＿＿＿＿＿＿＿＿＿＿＿＿＿＿＿＿＿＿

從何處得知本書：1.□書店 2.□網路 3.□大塊電子報 4.□報紙 5.□雜誌 6.□電視 7.□他人推薦 8.□廣播 9.□其他

您對本書的評價：

（請填代號 1.非常滿意 2.滿意 3.普通 4.不滿意 5.非常不滿意）

書名＿＿＿ 内容＿＿＿ 封面設計＿＿＿ 版面編排＿＿＿ 紙張質感＿＿＿

對我們的建議：＿＿＿＿＿＿＿＿＿＿＿＿＿＿＿＿＿＿

LOCUS

LOCUS